Cubierta: Mario Muchnik
Título original: LE RAS-LE-BOL DES SUPERWOMEN
ISBN: 84-7669-091-6
Depósito legal: B. 12.629 - 1989

Esta edición de
¡HASTA EL MOÑO!
compuesta en tipos Aster de 12/13 puntos por
Tecnitype,
se terminó de imprimir en los talleres de
Romanyà/Valls,
Verdaguer, 1, Capellades (Barcelona),
el 20 de abril de 1989
Impreso en España - Printed in Spain

MICHÈLE FITOUSSI

¡HASTA EL MOÑO!
(de ser superwoman)

Traducción del francés por
María Isidra Mencos y
Dominique Delor

Muchnik Editores

¡HASTA EL MOÑO!

Nota de las traductoras

El estilo de este libro está determinado por el contexto sociopolítico de la autora.

Son constantes los juegos de palabras (a veces intraducibles), las alusiones a la política francesa, a los personajes de seriales de la televisión o avisos publicitarios, que convierten el libro en un continuo guiño al lector francés, difícil de captar por un español.

La autora exacerba la actual tendencia a imitar técnicas publicitarias, dándole doble sentido, haciendo juegos fonéticos o distorsionando la grafía de las palabras.

En nuestro afán de no entorpecer la lectura hemos prescindido, en lo posible, de notas a pie de página a costa de perder algunos referentes.

Esperamos, sin embargo, haber transmitido con la mayor fidelidad posible el tono y el estilo de la autora.

A SuperMan

Advertencia:

nunca volveremos a casa

Habíamos ganado.

En fin, nos lo creíamos. El MLF y demás viejos tiempos del feminismo estaban enterrados, como el hacha de guerra de los sexos. Las pancartas y carteles, arrinconados. Beauvoir, Millet y Friedan, loadas sean, ya no olían a azufre. Sólo un poquito a naftalina. Se acabó el combate, se acabaron los combatientes. La «vieja» generación, la de los treinta-cuarenta y cinco años, contemplaba con orgullo sus logros (y los aprovechaba), mientras la siguiente, las veinte-treintañeras que no habían llegado a conocer las grandes veladas entre hermanas, se embolsaban sin escrúpulos los dividendos de las acaloradas peleas de sus mayores: píldora, aborto, unión libre, liceos mixtos, carnet para vehículos pesados, derecho a trabajar quince horas por día como los tíos. (Ellos, con esta «muda completa» —y perdonen la expresión—, salían ganando.) Libertad, Igualdad y Fraternidad se inscribían en femenino sobre el frontón de una sociedad cuya puerta, abierta en lo sucesivo de par en par, daba a la mitad del universo.

A comienzos de los años ochenta, por fin, la Mujer, ex objeto, ex Eunuco, ex Engañada, ex Liberada, ex Libre, ex Nueva, se había convertido en Otra. Es decir, en Ella Misma. Por una vez, todo el mundo estaba de acuerdo. los sondeos, los anuncios, las revistas femeninas, cargadas de Super Womanerías, glorificaban a las nuevas mujeres hiperactivas —las feministas (en paro técnico forzoso) y las ensayistas—, que constataban con satisfacción que el Unisexo pasaba de ser moda a ser modo de vida. Presidentas, Directoras Generales y Nuevos Padres, unidos en la bonanza pero no en la adversidad, repartían el Poder y las compras en el supermercado: la visión idílica de una óptima mutación. Idílica, desde luego, pero falsa.

Porque ya ha vuelto a dar señales de vida, insidiosamente, una nueva forma de esclavitud solapada, el grado último de la servidumbre feminista... ¿Que cuál es su nombre? Super Woman o Mujer Perfecta. El nuevo mito de las mujeres de acción, el último modelo para imitar. Un ser híbrido, nunca visto, cruce de «Executive Woman», «Mamá de Choque» y de la bella e inteligente modelo de Chanel, Inés de la Fressange, con toques de Marilyn. Miradla, aquí llega, tan competente como un MacIntosh Plus, Chanelizada de día, Alaïsada de noche, con una mano de uñas impecables sobre su último expediente (su defensa, su balance, su estetoscopio, etcétera), la otra sosteniendo con amor la manecita pegajosa (de pastel de chocolate hecho en casa) de un querubín gruñón, la boca Rouge Baiser sobre la del hombre de su vida, una oreja conectada con el supermercado a través del teléfono, la otra en directo con la línea París-Tokio. Aquí llega, decía yo, con paso enérgico, a la conquista del mundo. O al borde del abismo. Porque a menudo el Infierno y el Paraíso se tocan.

¿Super Women o Super Bobas?

Apenas habíamos tenido tiempo de saborear nuestra flamante libertad, duramente ganada en el frente del feminismo, cuando nos dimos cuenta de que, de la manera más tonta, estábamos solas como un hongo. Con todo sobre nuestros hombros, como Atlas lleva el mundo. Infatigables, insaciables, quisimos hacerlo todo a marchas forzadas, recuperar tantos años malgastados en «no hacer nada», a fuerza de no tener un solo fallo. Nos lanzamos con los ojos cerrados a disfrutar de nuestros nuevos logros, trabajo a cuerpo descubierto y sexo a cuerpo gozoso, al mismo tiempo que conservábamos primorosamente la vieja herencia de nuestras abuelas: buenas madres, buenas esposas, buenas amas de casa. Mucho para un solo ser. Pero, lejos de desmoronarnos, nos crecimos. Y pusimos el listón más alto. Moda, arte, literatura, belleza, política, etcétera. Quisimos estar en todas partes y sobresalir en todo.

¿Quiénes, «quisimos»? Nosotras, claro. Todas estas Super Women cuya inevitable consigna es conciliarlo todo (la conciliación es curiosamente un sustantivo femenino). Nos desparramamos por todos lados. En todas las esferas. Desde las mujeres que trabajan por obligación, con oficios penosos o poco valorizados y que se afanan todo el día entre niños, jefecillos, casa, etcétera, hasta las *líderas* que cazan en los mismos cotos laborales que los hombres, encaramadas, como ellos, en los estrados más altos, sin dejar de lado a las que, sin ser Bussiness Women implacables, han hecho sus carreras tal como se propusieron. A tambor batiente. Y que, al mismo tiempo, están aprisionadas en su oficio de mujeres.

Son estas últimas, en especial, las que han caído en la trampa, estas histrionisas cuyo credo ya no es únicamente manejarlo todo al mismo tiempo (con frecuencia por obligación), sino *triunfar* en todo. Con facilidad. Y no sólo el trabajo y la maternidad sino también lo demás, todo lo demás... Ellas... NOSOTRAS... creímos a pies juntillas en nuestra independencia, sin advertir que jugábamos con cartas marcadas.

¿Quiénes son los responsables? Como podrá leerse en estas páginas, ha habido muchos. Porque hoy, superada ya la vergüenza, podemos confesarlo en voz bien alta: nos hemos dejado engañar.

Nos han engañado las feministas, esas inconscientes que nos hincharon la cabeza con sus hermosas ideas, para dejarnos después plantadas en la mitad del camino.

Nos han engañado el Nuevo Hombre y el Nuevo Padre, que, ¡zas!, se han hecho humo.

Nos han engañado la publicidad, los medios de comunicación, los Malos Ejemplos (todas esas hiperactivas supermediatizadas), la sociedad, que mira a todos los ambiciosos con los ojos de Jimena,* nuestros jefes, nuestras madres, nuestros niños, nuestros psi... En resumen, todos los que nos veían correr peligrosamente hacia el abismo y nos aplaudían.

Y también, y quizá sobre todo, nos hemos engañado nosotras mismas, porque nos hemos dejado tomar el pelo sin rechistar. Y porque cultivamos hasta el paroxismo todas esas desagradables rimas en «ismo»: perfeccionismo, narcisismo, ¡hasta el finalismo! Siempre queremos más, más desafíos, más apuestas. Queremos ganar en todos los campos, ser sublimes en todo. Es natural que, a la larga, acabemos sin aliento.

Y que nos desmoronemos. A nuestro pesar. Pero a menudo. Porque todo tiene un límite. Y hasta el propio Tarzán, en la selva, se enreda los pies cuando quiere atrapar varias lianas a la vez. Realizadas, sí, tal como deseábamos. Pero también reventadas, vaciadas, aplastadas, hechas polvo. Y llenas de remordimientos. Siempre. Porque hacemos demasiado o no hacemos bastante. Porque hemos fallado en algo o porque no fallamos en nada.

* «...los ojos de Jimena»: alusión a la mujer del Cid Campeador, que miraba con ojos amorosos a su ambicioso marido. En Francia, el Cid se conoce fundamentalmente a través de la versión de Racine. *(N. de las T.)*

Un momento, recobremos el aliento

Estábamos hartas de ser el sostén de todo. Hartas de cargar con todo el peso como Hércules de feria. Hartas de pensar en nosotras mismas exclusivamente en función de dar gusto a los demás. Hartas de ser tan competentes que todo el mundo está acostumbrado a apoyarse en nosotras. De correr sin apretar jamás el pedal del freno. De ser las «bufonas» de una farsa que se interpreta sin nosotras. Creímos romper nuestras cadenas y no hicimos más que consolidarlas. Hartas, en fin, de ser unas Super Women, super en todo salvo para con nosotras mismas. ¿Que la felicidad está al alcance de la mano? A fuerza de correr detrás de ella, la hemos dejado atrás.

Oh, no somos enteramente desdichadas. Después de todo, el bienestar es parte integrante del contrato firmado con el éxito. Pero, ¿acaso tenemos tiempo de saborearlo? De acuerdo (y ya oigo vociferar a todas las que no cambiarían ni un segundo de su nueva libertad por una pizca de existencia estilo hacendosa Mère Denis), en ciertos aspectos de la vida nos resulta bastante más fácil de lo que era hace veinte años. En realidad no hay motivos suficientes para construir un Muro de las Lamentaciones. Bastaría con un murito. Por supuesto que somos unas privilegiadas. El trabajo nos aporta, además de irreemplazables satisfacciones intelectuales y morales, la autonomía, la independencia, lo vitalmente necesario y lo superfluo, ¡oh, cuán indispensable!

Porque, entendámonos. Esta saturación que nos hace estar hartas de asumir media docena de vidas a la vez, no significa en absoluto que deseemos bajar la cortina. Una cosa, por lo menos, está muy clara: NUNCA VOLVEREMOS A CASA. La vida fuera del hogar es nuestro segundo pulmón. Si se desconecta, nos asfixiamos.

Simplemente quisiéramos disponer de un poco de tiempo para nosotras mismas, sin esfuerzos, sin obligaciones. Quisiéramos poder decir a veces: «No va más. Un momento. Tengo ganas de respirar un poco». Quisiéramos dejar de estar en el punto de mira, bajar del pedestal al que nos hemos encaramado. En resumen, que nos dejen en paz... Dejar de ser Mujeres Ejemplares y ser sencillamente Humanas. Como todo el mundo. Con nuestros defectos y nuestras debilidades. No sentirnos rebajadas cuando el motor se cala. Confesar sin estremecernos que no podemos hacerlo todo. Y que ya hacemos bastante. Conservar la ambición, pero a nuestra medida, el mundo está ya demasiado lleno de fantasmones. Tomarnos nuestro tiempo para vivir, porque la vida es corta y nadie es perfecto.

Pero no vamos a conseguirlo de la noche a la mañana. Si es que lo conseguimos.

Las líneas que siguen son un testimonio divertido y lúcido de una situación tan explosiva que cualquier día puede estallar en nuestras narices. Divertido, porque no hay razón para llorar. La hay, en todo caso, para rabiar. Lúcido porque no nos engañamos. Mientras nuestros hombres no pongan (mucho) más de su parte, mientras queramos correr en mil direcciones al mismo tiempo, nosotras, las Super Women, tendremos aún muchos días (de protesta) por delante.

PRIMERA PARTE

Super Woman: Sois vosotras, soy yo

I

Millares de Super Women

> Lo quiero todo, quiero tener éxito en todo. Me ha alcanzado este frenesí que ataca hoy a todas las mujeres: tener éxito en la pareja, la educación de los niños y la profesión. Y lo que más me sorprende es que las mujeres acaban por conseguirlo...
>
> FRANCE GALL, *Match*, mayo 1987

¿Super Woman, esta mujer de ensueño? Sois vosotras, soy yo. Bueno, casi... Es decir, se intenta. Es Linda, 34 años, abogada, dos niños; Isabelle, 33 años, editora, tres niños; Geneviève, 42 años, empresaria, tres niños; Anne, 36 años, periodista, tres niños; Valérie, 24 años, relaciones públicas, dos niños; Chloé, 38 años, productora, siete niños; Françoise, 34 años, administradora de empresas, dos niños, etcétera.

Líderes, aceleradas, dinámicas, atómicas, cuyos veinte mil millones de células nerviosas carburan a una velocidad supersónica todo el año, de punta a cabo (incluidos sábados, domingos y fiestas de guardar), para armonizar con brío la media docena de vidas que cada una de ellas vive. Hiperactivas, que prenden ligas de puntillas a sus leotardos, y armonizan sin pestañear chupa de cuero y tacones altos, calderos de mermelada y lectura del *Financial Times.* Criaturas perfectas, modeladas como Raquel, machos Rambo, sexy como Tina Turner, cultas como Dumézil, pedagogas como María Montessori, con colmillos más afilados que los de Tapie.* Bulímicas que devoran con formidable apetito todo lo que está al alcance de sus bonitas mandíbulas. La Vida y sus Accesorios. Acaparadoras, conciliadoras. Amamantadas con *El Segundo Sexo* y compañía, han decidido, de la manera más natural, que deben ponerlo TODO en práctica para triunfar en la vida.

Porque la Super Woman lo quiere absolutamente TODO. Como en los anuncios. Repicar las campanas e ir en la procesión. La perfección en todo lo que toca. La vida privada y la profesional. La autonomía y la plenitud. El riesgo y el bienestar. El éxito y la felicidad.

Resumamos. Un trabajo cre-a-ti-vo y apasionante (con su inevitable locura de horarios); un tío genial y enamorado (conversaciones de altos vuelos desde la hora de desayunar, y jamás un pelo fuera de sitio); niños adorables y despiertos (sobre todo, a altas horas de la noche, cuando todo el mundo duerme); una casa refinada (acordarse de cambiar la moqueta y cocinar una gallina guineana al membrillo para chuparse los dedos); un *look* sin tacha (tan cómoda con un viejo tejano como con una falda tubo); manos de hada (siempre una labor o un jersey empezados, mientras repinta la habitación de los niños); una vida cultural cargada (le gustan a la vez Jean-Jacques Arnaud y Francis Weber, Marguerite Duras y San Antonio, el museo d'Orsay y el Palacio de los Deportes); un cuerpo de princesa en bañador (reemplazar el bocadillo-pastel-vaso de tinto de la

* Tapie: industrial francés que compra empresas en quiebra y las reflota. Tipo clásico de hombre eficaz. *(N. de las T.)*

comida por un curso de gimnasia-zanahorias al vapor-vichy)...*

La Super Woman es esto y más. Una mujer apresurada y estrujada, cuya carrera cotidiana contra reloj deja a Alain Prost y a sus vruum, vruummm a la altura de los zapatos. Una profesional de la superación (de sí misma), que se pone el listón tan alto que acaba a veces por estrellarse contra él. Una imagen creada a pulso tras la cual galopa, a menudo sin conseguir alcanzarla. O a qué precio...

Hay que or-ga-ni-zar-se

Organización es la palabra clave, el sólido mecanismo que permite a la SW hacer juegos malabares con su vida, pasando de un papel a otro con la maestría de un Frégoli. Mamá y puta, jefa y pichoncito, intelectual y bomboncito: SW, una mujer de cuerpo entero, es también una mujer enteramente dividida. Una cucharadita para Cuqui, otra cucharadita para Cuchi, otra para el Big Boss. Tranquilos, que aquí no se desperdicia nada: no quedará ni una miga. Y no es la mujer engañada, es la mujer troceada. La mujer aserrada que antaño se exhibía en los circos. Aquella cuya vida es un permanente y perfecto número de equilibrista.

Es un robot con diez brazos articulados y un cerebro

* El modelo clásico sport de SW vive en pareja, legítima o no, posee algunos niños de 0 a 16 años (los suyos más, eventualmente, en los fines de semana, los del primer matrimonio de su cónyuge). Desde luego, las divorciadas, viudas, solteras, etcétera, con críos a su cargo y padres inexistentes (los no-pago-la-pensión) o demasiado pesados (los milito-por-la-condición-masculina) y que, además de esta situación cotidiana de difícil manejo, navegan sin brújula entre ETS (Enfermedad de Transmisión Sexual), Sida, y demás encuentros en la tercera fase, se merecen estar en uno de los más altos listones en la escala de Ritcher de las Super Women. También el modelo de Super Woman sin niños existe, perfectamente homologado: ésta dedica al trabajo y a otras mil actividades anexas (política, jardinería, animales, obras de beneficencia, amantes, etcétera) el tiempo «ganado» a la maternidad.

central, pero en cuyo software se producen a veces cortocircuitos. Es normal que suceda cuando se tienen tantas vidas que acaban por atropellarse unas a otras. Pensar en la lista de la compra durante la reunión y preparar la conferencia en los pasillos del hipermercado: «alimental», querido Watson. Telefonear entre dos citas para verificar que Victoire ya no tose y que Alexandre trabaja en su redacción en lugar de mirar ese serial para retrasados mentales de la cadena 5: todo esto se hace automáticamente, sin pensarlo siquiera.

Yuppy, frumpy, el mismo combate

Goce (mermeladas de la casa Hédiard) + Eficacia (encargadas a través de Minitel): es la ecuación *sine qua non* de la Super Woman. Una fórmula —mágica— aplicada a todos los campos de la cotidianeidad. Epicuro, revisado y corregido por Speedy González: un modo de vida común a toda una población de ambos sexos, tanto si se le bautiza *Yuppy* (joven urbano profesional), como *Frumpy* (ex progre arribista) o *Me Generation,* la generación del *yo-mi,* yo primero.

Fueran cuales fueran su trayectoria y sus pasados combates, ex militante feminista, antigua izquierdista, o jovencita de buena familia tentada hoy por el demonio del éxito, la Super Woman aspira en la actualidad a la plenitud. Ya no reivindica nada, lo ejecuta. En política no está ni en la derecha ni en la izquierda, ni siquiera en el centro: está en todas partes. *Groupy* de Chirac o fan de Fafa,* es capaz de olvidar toda querella de partidos para plantear, en el momento preciso, las cuestiones de fondo.

Si durante una cena la joven agregada de prensa de

* Fafa: diminutivo cariñoso de François Mitterrand. *(N. de las T.)*

un ministro liberal y una tecnócrata socialista empiezan a charlar, no van a convencerse la una a la otra en cinco minutos de cambiar el mundo ni sus papeletas de voto. En el mejor de los casos, alcanzarán una cohabitación de buen gusto. Pero si entran más en confianza acabarán por abordar los *verdaderos* problemas de la sociedad en un momento u otro de la velada. Ésos cuyas soluciones aportan los folletos de los programas políticos con una facilidad pasmosa, pero que cuesta tanto resolver en la cotidianeidad de la Super Señora común y corriente: guarderías, gastos de canguros, tatas, supermercados por teléfono... En una palabra, la intendencia, que si no va como sobre ruedas, hace descarrilar despiadadamente todo este hermoso mecanismo. Una alta funcionaria «plantada» por la tata, con críos «varicelosos» y Nuevo Padre reunido, pierde el 80 % de su valor mercantil.

Super Tíos, con cuenta gotas

Y a todo esto, ¿qué pasa con los hombres? Han tomado sus distancias. En situación óptima «ayudan», mientras dejan para nosotras la estructura. Como si pensar en los niños, en los menús o en la mujer de la limpieza fuera innato en nosotras (en ellos, por mucho que se diga, lo adquirido es más bien endeble).

En el mejor de los casos, telefonean hacia las ocho de la noche, antes de salir del despacho, para ofrecerse a traer el pan (y se sienten tan heroicos que piden que se los admire). En el peor, vuelven a casa después de diez horas de ausencia como si nada. Han compartimentado sus existencias de una vez por todas: trabajo todo el día, papás veinte minutos por la noche y durante el fin de semana, amantes cuando estamos muertas de sueño y maridos cuando se ahogan en los detalles prácticos.

Nosotras somos todo esto y más aún pero, al mismo tiempo, no compartimentamos. Algunos días, por otra parte, entre lo de fuera y lo de dentro, las piezas del puzle encajan con dificultad. Sobre todo en el trabajo, que se come lo esencial de nuestra existencia. Y donde, para hacer cohabitar estas dobles, triples y hasta cuádruples vidas numerosas y variadas, mentimos vergonzosamente, como si viviéramos cuatro adulterios por semana.

II

Parecer o no ser

Jóvenes, bellas y en plena forma

¿Cómo entrar en el club de las Super Women? Muy fácil. Basta con cumplir dos requisitos necesarios y absolutos.

1º *La salud.* Hay que tener salud de hierro, marcha, ir a tope, energía para dar y vender, tono muscular, dinamismo. Dormir cuatro horas por noche, lo justo para recargar la batería. Ni un segundo de morriña, de vacilación, de blandenguería. E incluso en el caso de una —muy breve— «depre», afirmar que no hay mal que por bien no venga. Porque, pensadlo por un momento: la suerte de una empresa, más la de una familia y algunos anejos, está por entero en nuestras manos. La gripe, el arrebujarse en la cama a causa de una flemingitis aguda están autorizados, pero a duras penas. Como el derecho a la huelga: a modo de válvula de seguridad, cuando la marea-legítima-de-las-reivindicaciones amenaza con derribarlo todo.

2º *La juventud.* O algo que se le parezca. ¿Hay un límite de edad para ser Super Woman? Sí y no. Grosso modo, se puede decir que está entre los veinte y cincuenta años. Un poco más, si aún tienen niños agarrados de sus faldas (porque hoy todo anda mezclado). Algunas madres de párvulos, en la cuarentena procreadora, tienen ya edad para ser abuelitas, y muchas abuelas cuidan a la vez de sus niños de pecho y de los de sus hijas. Para no hablar del nuevo modelo que hace ya furor: la abuela portadora del feto. Un poco menos si a los dieciocho años han creado ya su fábrica de calzoncillos. Pero su Super Valor no se relaciona con la cantidad de años. Tanto a los veinte como a los cincuenta deben impresionar por su aspecto perpetuamente juvenil. Parecer cada vez más jóvenes, incluso (y sobre todo) cuando su edad es cosa sabida. «¿Has visto a Annie? ¡Estupenda! Con cincuenta tacos, podría pasar por hermana de su nieta», queda mejor que: «Dice que tiene treinta años, pero en su juventud flirteó con mi padre».

Abuelitas Doll y Abuelitas Nova

Evidentemente, no hay ni que pensar en eliminar del clan de las Super Women a la franja de edad superior, las Super Abuelitas o yayas-bólido, que también circulan con el pie en el acelerador; estas nuevas abuelas están a mil millones de años luz de las viejecitas de otros tiempos, arrugadas como pasas y dulces como el jarabe.

Dicho sea de paso, hay que rendir un vibrante homenaje a la abuelita-pastel. Siempre disponible para tejer un jersey, hacer de canguro el 31 de diciembre o echar una mano con unas paperas imprevistas, esta hada de la casa es, cuando existe, uno de los pilares de la existencia de la Super Woman. Desgraciadamente, la especie está en vías de desaparición. Estas abuelas de antaño o mamás bis, después de nueve niños, más frescas que jóvenes desposadas, aún tenían fuerzas para educar a una caterva de nietos y biznietos, marcándoles para siempre con la nostalgia de cierta mermelada de calabaza, de las desenfrenadas carreras entre primos en su jardín, del gusto inimitable de su gallina guineana con coles, de su ternura generosamente distribuida junto con el chocolate de la merienda, de las historias contadas por la noche antes de acostarse. Estas abuelas, pues, ya sólo se encuentran en los libros, los seriales y la publicidad (bajo los rasgos de la perfecta Abuelita Nova y de la Abuela Café).

Para subrayar que la raza se pierde, se les ha inventado una fiesta especial, copiada de la fiesta de la madre. Y algunos listillos han creado incluso agencias (o reservas) para proteger a las pocas que aún quedan. Y ponerlas a disposición de quien las necesite, mediando una módica suma por su alquiler. «Yayas para los jueves» y «Abuelitas cluecas», estas ancianitas mercenarias ofrecen su corazón y su paciencia legendaria a decenas de pobres huerfanitos de abuelas. Porque sus abuelitas legítimas, mientras tanto, trabajan.

En cuanto a éstas, a las que puede considerarse sexygenarias, más que viejecitas indignas, Abuelitas Doll trepidantes que enseñan en la facultad, dirigen sus empresas, se visten en Kenzo, pilotan sus Supercinco como el mismo Laffite, y hacen mejor que nadie la mermelada de cassís, podrían postular tranquilamente a la categoría de Super Abuelitas. La única pega es que ya no son candidatas. Una vez que sus propios niños han crecido y se han marchado (tras resignarse a despegar), se encuentran, por fin, con tiempo para sí mismas y pueden permitirse el lujo, ¡y con qué voluptuosidad!, de jugar por una vez a ser unos (simpáticos) monstruos de egoísmo. A los nietos los adoran, las vuelven locas (no digáis chochas, les baja la moral), pero a su hora. Que no es necesariamente la mejor. Su libertad comienza donde acaba la nuestra. «No, tengo un seminario, no puedo cuidar de Julien el jueves», o «Perdóname, querida, pero el cumpleaños de Lolotte cae precisamente en el día de mi campeonato de bridge». Hay que reconocer, en su descargo, que cuando deciden ocuparse de sus tesoritos se entregan a conciencia. La calidad de las relaciones prima de lejos sobre la cantidad.

En el fondo son las culpables de que fabriquemos menos niños. Ellas se aprovecharon sin escrúpulos de sus madres, nuestras abuelitas-pastel disponibles siempre que se las necesitaba. Nosotras, en cambio, ya no tenemos en quién apoyarnos. Cuando anunciamos con orgullo (si ellas lo consienten) «Me los cuida mi madre», nuestras amigas nos miran con cara de envidia, como si poseyéramos la gallina de los huevos de oro.

Pero, ¿qué Super Woman tendría el descaro de tirar la primera piedra a aquella que la modeló tal como es hoy?

La más bella en su espejo

A la espera del momento (bendito) en que nos convertiremos a nuestra vez en Super Abuelitas, somos aún, y por algunos años, Super Women en potencia. Jóvenes y bellas. Im-pe-ra-ti-va-men-te. Para preservar este estado, ¡ay, efímero!, cualquier medio es bueno. Y si la maratón de la Super Woman empieza por ella misma, no es sólo por narcisismo exacerbado sino porque el *look*, la imagen, la apariencia, son en la actualidad uno de los pasos obligados para el éxito.

Ex empollonas granujientas de nuesta adolescencia convertidas a fuerza de su materia gris en jefas de servicio ásperas y pasadas de moda, profes de mates con la eterna falda informe llevada desde el 1º de enero hasta el 31 de diciembre, o economistas medianamente distinguidas, perdidas sin sus gafas trifocales...: todos estos especímenes prediluvianos están en el museo hace un siglo. Incluso Thatcher, a su modo, hace ahora un ligero esfuerzo. Hasta Laguillier* se hace vestir de otra manera. Y Bouchardeau** ha acabado por peinarse. Las mechas colgando, la piel tristona, la axila velluda, la uña descuidada, los kilos que se acumulan con el pretexto de que no se puede hacer todo: *exit, out,* fuera. No tenemos derecho al mínimo error o al desaliño. Ni siquiera pasajero. Ni causado por la fatiga o por la vieja «depre» (el día chándal-viejo-tejano-gastado coincide siempre, casualmente, con la cita imprevista más importante del año).

La SW debe tener un rostro fresco, manos cuidadas, maquillaje muy ligero (rejuvenecedor y más rápido) salvo en las grandes ocasiones, talla de maniquí (sobre todo en verano), cabello siempre limpio y bien peinado, preferentemente corto (aunque el moño tendencia Marie-France Garaud*** joven vuelve a abrir una temible brecha en la línea de los fantasmas masculinos; con este ensueño tan hortera de la cabellera estricta, salvajemente deshecha).

El buen *look*

Primera etapa, y no precisamente de las menos importantes, la panoplia indumentaria. En los Estados Unidos, las SW que se respetan se dividen en dos campos. *Yuppies* (cuadros dirigentes, jefas de empresa, Executive Woman) y *trendies* (las enrolladas, creativas en cualquier campo —publicidad, moda, periodismo—, salvo política, decoración, cine y foto). A las *yuppies* les gusta

* Laguillier: sindicalista de extrema izquierda, que ahora se presenta a las elecciones presidenciales. *(N. de las T.)*

** Bouchardeau: sindicalista de izquierda, más extremista aún que la anterior. *(N. de las T.)*

*** Marie-France Garaud: periodista de *L'Express,* de tendencia centro liberal. *(N. de las T.)*

el estilo BCBG *(bon chic, bon genre)*, el traje chaqueta estricto estilo Chanel, el vestidito de seda que cuesta un ojo de la cara, e incluso la combinación americana-corbata-camisa Oxford de Brooks Brothers, donde sólo la falda (recta y cualquier cosa menos mini) indica vagamente el sexo al que pertenecen. Las *trendies* prefieren la moda y la fantasía que, en sus trabajos, no sólo se permite sino que se exige.

En Francia, la finura manda. Después de todo, somos los inventores de la elegancia. La femineidad prima, trátese o no de una Career Woman. Las *yuppies* más estrictas siguen la moda aunque sea de lejos. Y la libertad de las *trendies* es una libertad vigilada, donde los sutiles códigos del medio ambiente relegan a las audaces que osan desafiarlos a la categoría de catetas. Sí al tejano, pero de pernera estrecha, cintura alta y con botones. OK a las bambas en verano, pero del color adecuado (o a las «rítmicas» negras de tela a 30 francos, acompañadas de un calzoncillo «a lo chico» que vale cien veces más). Pase el anorak (de pluma de oca) de monitor de esquí, que se lleva a —15º sobre un trajecito sastre. En pocas palabras, un estilo informal sabiamente estructurado. De hecho, la SW debe saber dosificar. Exhibir el buen *look*, en el instante *ad hoc*. No se viste una igual para una entrega de medallas, una visita a unas obras, una tarde en la plaza, un garbeo por la discoteca Palace o una velada en la Ópera. Toda buena SW debe pasar sin pensarlo siquiera de la alta costura a las rebajas, de Arthur et Fox a Naf-Naf, de Gaultier a Prisu, de Agnès B a los saldos de la esquina. Cuestión de medios y de oportunidad. Encontrar el equilibrio entre la *Fashion Victim* (está mal visto ir demasiado a la moda, este «demasiado» anula el efecto buscado) y el clasicismo de buen tono (que, si se exagera, acaba por dar mala facha).

Resultado de las compras: todo vale si se sabe usar bien. Nada sirve si nos equivocamos, si caemos en el exceso. Guapa, pero no (demasiado) sexy en el trabajo. *Star*, pero no (demasiado) explosiva por la noche. Informal, pero no (demasiado) desaliñada el fin de semana. En resumen, para comérsela (sin que resulte indigesta), colosal (sin chulería), impresionante (sin dejarse pescar).

Todo esto, para lo que se necesitaría un diploma estatal, ha de hacerse sobre la marcha. Como si este tipo de cosas —el eterno femenino, decididamente, es duro de pelar— no fueran innatas. Es bien sabido que todas nacemos sabiendo casar el rosa con el azul, el punto con la franela, el accesorio adecuado con el jersey haciendo juego. ¿Derecho al error? Casi nulo. Pero, ¿quién de nosotras no ha cedido alguna vez a la tentación de unos zapatos demasiado dorados o un abrigo demasiado violeta?

Habría que ser tan elegante y sutilmente «refinada» como esas burguesas ociosas que se encuentran de dos en dos en Saint-Germain- des-Prés, cuya ocupación fundamental durante el día consiste en combinar su última panoplia Rykiel con los escarpines de piel de lagarto de la casa Maud Frizon. Ellas reflexionan durante horas sobre el menor matiz (de resultas, consiguen tener temas de reflexión por toneladas).

Nosotras no tenemos tiempo para vacilaciones. Y, zas, en doble fila, compro en cinco segundos el par de zapatos que me irá con todo. Y, pum, entre dos audiencias, invierto en el correcto traje de chaqueta elegante, femenino, serio pero divertido, con el cual podré pasar toda la temporada. Y, zas, a la hora de la comida, en un abrir y cerrar de ojos, caigo en la tentación de la faja de satén o el sujetador de seda negro con su pícara braguita. (Para gustarse. Porque no hay tiempo para las citas de 5 a 7.)

¿Comprar el sábado? Ni pensarlo. Primero, porque hay otras mil cosas que hacer (véase capítulo fines de semana)... Después porque las «compras de trapos», con cochecito y pequeños (o grandes) monstruos incorporados, acaban por convertirse en una pesadilla. Incluso y, sobre todo, si nos acompaña el querido, tierno y una pizca refunfuñón marido, cuya presencia une lo inútil (vigilar a los niños) a lo desagradable (dar SU opinión sobre lo que NOSOTRAS compramos).

Es para desternillarse el ballet de novios y maridos un sábado cualquiera en la tienda de la modista Agnès B, cuyo único probador, atestado como el metro a las seis de la tarde, deja escapar a veces una o dos clientas que se admiran al aire libre. Con *Le Monde* o *Libération* en la mano, un ojo vagamente puesto en la progenitura que juega al Zorro con las perchas, ELLOS esperan, resignados, que ELLAS acaben de probárselo TODO. Y de vez en cuando levantan furtivamente la cabeza para apreciar, como buenos entendidos, un par de piernas que sobresalen de una mini de punto, o un par de nalgas moldeadas por un bañador ultraceñido: las de cualquier mujer. Salvo la suya, por supuesto.

¿Cómo pueden ellos entender nuestros obstinados esfuerzos por ser las más bellas, si se visten dos veces al año, en rebajas, y cuentan con nosotras para pulir los detalles? (Pues también somos nosotras quienes nos ocupamos, como hacemos con los niños, de combinar sus corbatas y sus calcetines, comprar sus calzoncillos, aconsejar sobre cada pieza de su indumentaria. Resultado deprimente: a menudo van más elegantes que nosotras.) ¿Cómo pueden aprobar (y no lo aprueban) que nos arruinemos en cremas para la piel (la hidratante, cincuenta del ala, una maravilla, sobre todo para la moral, cuando la primera arruga no cesa de multiplicarse); en peluquero (un amigo, casi una segunda mamá); en pedicura, manicura, depilación de todo tipo de pelos? Bagatelas fútiles, sí, pero inevitables. Porque nos encarnizamos por una buena causa. Ellos quieren que seamos magníficas. Nosotras también queremos. Y lo somos (casi). A costa de muchos esfuerzos... siempre renovados.

Competencia desleal

Todos estos problemillas supondrían la mitad de la vida de cualquier mujer que se respetase. Nosotras, además, hemos de luchar contra la competencia —vergonzosamente desleal— de estas mujeres de su casa que, pobrecitas, sólo cuentan con *esto* para revitalizar sus ratos muertos. Nos las encontramos a veces en las cenas fuera de casa, con la mirada brillante, el pelo impecable, la boca roja y bien pulposa, la tez fresca, la falda a la última moda y el jersey haciendo juego.

Mientras que nosotras, tontas del bote, que hemos salido del trabajo bajo un chaparrón a las siete y media tras un día desquiciante, llegado a casa frenéticas, besado a los niños, contado el cuento con retraso (encima, imposible saltarse una sola palabra aunque no sepan leer, se lo saben de memoria), esperado a la canguro, a quien dejamos una lista de recomendaciones («Si se prende fuego a la casa, llame a los bomberos», «si Jérémy tose, el jarabe está sobre la cómoda»), disponemos sólo de diez minutos, reloj en mano, para la carrera cuarto de baño-vestimenta elegante-maquillaje dama fatal. Bajo la mirada suficiente del tipo que, mientras contempla las noticias de la noche, se pregunta (y no deja de decírnoslo) por qué siempre nos retrasamos.

«Si me vuelve a comentar cuando volvamos lo guapa que estaba Maric-Laurence *esta noche*, y si añade que su pato al melocotón estaba *realmente* muy bueno, lo mato y luego me divorcio. Desde luego, ella no pega golpe en todo el día.»

La otra variante, asimismo exasperante, es: «¿Verdad que Marie-Laurence ha adelgazado? Es increíble lo bien que le sienta». Error diplomático evidente, que puede provocar un tiro sin previo aviso. Ya que el punto sensible de toda mujer, sea o no Super Woman, se halla situado, sin duda alguna, en las bolitas de grasa colocadas en lugares estratégicos de su propia persona. Durante el invierno, al menos, nadie debería mencionar en nuestra presencia, ni siquiera en un murmullo, el sacrosanto régimen... ¡Y tenemos todas las excusas del mundo para no seguirlo, con la cantidad de energía que necesitamos para lo demás! Sin hablar ya de la gimnasia obligatoria (y de nuestras «campanas» un día de cada dos, debidas a la pereza, como cuando íbamos a clase), del risueño *aerobic*, del relajado *stretching*, del baile, de la bici, del tenis, del yoga, del *jogging*, del *body building*. Pufff... En resumen, de todos estos infames ejercicios que nos imponemos para endurecer nuestros vientres (a la naturaleza le horroriza la barriga), afinar nuestras redondeces, ahusar nuestros muslos. Ya que se rinde culto a los cuerpos, hemos de sacarle partido a los nuestros.

Porque, adivina adivinanza: en la playa, entre una Super Woman de nalga triste y fofa y una gatita analfabeta de pechos erguidos, ¿quién se lleva la mayoría de los votos? Si respondéis «la primera», volved a la primera casilla del juego.

III

Executive Women

> A través del trabajo la mujer franqueó en gran parte la distancia que la separaba del macho; sólo el trabajo puede garantizarle una libertad.
>
> SIMONE DE BEAUVOIR
> *Le Deuxième Sexe*, Gallimard, 1949

En el despacho, en el tajo, en el curro, la Executive Woman está en plena acción, desde las nueve de la mañana hasta las siete de la tarde. La Executive Woman es la Super Woman en el campo concreto en que su personalidad, como la de cien flores, alcanza su plenitud. El campo de la carrera. Como los diez millones de mujeres activas que hay en Francia. Y, sobre todo, como las más afortunadas entre éstas: aquellas para las cuales el trabajo —ni obligación ni castigo sufrido y poco valorizante— ha sobrepasado el estadio de la liberación para convertirse en parte integrante de ellas mismas.

Abogadas, ginecólogas, politólogas, físicas, productoras, fontaneras, gendarmes, enólogas, camioneras, cosmonautas... Cada vez ha supuesto un pasito para nosotras, un gran paso para la humanidad. Comadronas-hombres, mujeres-rana, *self-made-women*, mujeres de Estado, todo se ha mezclado. De ahora en adelante, el trabajo, como los ángeles, no tiene sexo. Hemos entrado en todas las vías prohibidas. Hemos echado abajo todas las puertas cerradas (o casi, las más repletas de candados son las de la política). Años y más años de esfuerzos titánicos nos han enseñado que podemos hacer las cosas tan bien como los hombres. Después, mejor que los hombres. Después, mejor, a secas. Sin más escala de valores que la nuestra. Es verdad que ocupamos menos puestos clave que los hombres, pero es que hace apenas dos decenios que empezamos. Sin embargo, el camino recorrido nos compensa con creces.

Mujeres de su casa que trabajan

Desde luego, hemos luchado bien. Como leonas. Primero, quisimos demostrar quiénes éramos y de qué éramos capaces. Seguidamente, tuvimos que bregar para permanecer donde nos habían situado nuestros heroicos esfuerzos. Y aún seguimos. Nuestra lucha está lejos de acabar. «Necesitaron casi dos siglos», escribe Elisabeth Badinter,* «para hacer admitir a sus padres y esposos que ellas eran hombres como los demás».

¿Hombres como los demás? Sí, desde luego. Y en calidad de tales hemos sido (casi) aceptadas en lo alto del organigrama. El drama es que, encima, somos mujeres como las demás. Pero, y aquí se atasca la máquina, sea cual sea nuestro trabajo, no debemos manifestarlo bajo ningún pretexto. Al contrario, debemos superar este «handicap» de base mediante esfuerzos desproporcionados.

Para lograrlo hemos trabajado por cuatro. No hemos escatimado esfuerzos. Y a pesar de todos los obstáculos, lo hemos conseguido. Hemos catado la embriaguez de las cumbres. Y nos gusta. Y nos gustaría más si no se agazapara siempre en un rincón de nuestras cabezas la

* *L'un est l'autre*, ed. Odile Jacob, 1986.

insoportable impresión de habernos dejado coger en una trampa.

Betty Friedan, la feminista pura y dura de *La mujer engañada* (de hace veinte años), reconoce hoy en *The Second Stage (La segunda etapa)*: «Ellas quieren» («ellas» somos nosotras) «triunfar en su carrera según mandatos promulgados por los hombres, quienes, a su vez, han sido siempre liberados por sus esposas y todos los detalles de la vida práctica».

Nosotras, las Super Women, no tenemos esa suerte. En el fondo, lo que necesitamos es una esposa.

Porque estamos precisamente en la segunda etapa. Orgullosas de nuestro éxito y, a la vez, haciendo juegos malabares con las obligaciones específicas que comporta. Es decir, generalas y cantineras al mismo tiempo, jefas de sección y mujeres de nuestra casa. Tras el entusiasmo delirante de los primeros años de independencia, hemos caído ciegamente en esta doble trampa (de doble resorte),* si osamos emplear esta última palabra en relación con nosotras. Nos hemos convertido en mujeres de su casa que trabajan. (Incluso si, la mayoría ya no tenemos que asumir la gran parte de las cargas domésticas, tenemos que supervisar sin falta la intendencia.) Y acumulamos tareas sin una queja.

Abrazar la carrera

Con respecto al trabajo, no hay problema. En cuanto hubo que ir, nos arremangamos y nos lanzamos. En seguida nos sometimos al modelo dominante: impusi-

* «Resorte» en francés significa «détente». Pero «détente» también significa «relajación», «distensión». Aquí tiene la primera acepción pero, al mismo tiempo, la autora aprovecha para hacer una de sus numerosas alusiones irónicas a la política del momento: la cohabitación Mitterrand/Chirac; la necesidad de la «détente» (en su segunda acepción) era tema central en medios de comunicación y en boca de políticos. *(N. de las T.)*

mos nuestra virilidad. Estábamos encantadas con las agendas archicargadas, las reuniones por cualquier motivo —que comienzan por regla general cuando todo el mundo se va—, los expedientes para el fin de semana (y a menudo para la noche).

Encantadas también con los *staffs* creativos, la dirección de turnos de treinta funcionarios, la gestión de empresas de mil obreros. Eficaces, tozudas, competentes, ambiciosas, no hemos parado hasta ser las mejores. A este respecto, y sólo a éste, como quien no quiere la cosa, nos hemos ganado un lugar al sol.

No ha sido siempre fácil, desde luego. «Ellos» han intentado lo imposible para eliminarnos. Nos han recordado sin cesar que nuestra función primera era estar en el hogar; que, como los inmigrantes, quitábamos puestos de trabajo a honestos trabajadores; que éramos unas gamberras, unas madres desnaturalizadas. No han faltado la zancadilla («No, madame Durand como jefa del contencioso, no: nunca una mujer ha ocupado ese puesto»), la mala fe («No contrato a mujeres, se pasan la vida de baja»), los recochineos («¿Acaba de salir usted de la Alta Escuela de Comercio?, bueno, pero ¿sabe escribir a máquina, por lo menos?»). Nuestro bautismo de fuego ha sido ver que nos daban con la puerta en las narices.

Una vez colocadas, hemos aguantado de todo. Los que te adjudican «amablemente» los asuntos resbaladizos («¿El expediente Dubois? Un lío. Pero usted lo desenredará...»), el paternalismo exacerbado («Es demasiado duro para ti, chata, nunca hubiera debido confiarte este informe»), el derecho de pernada incluido en el contrato («En cuanto a su ascenso, ¿lo hablamos esta noche mientras tomamos una copa?»), la misoginia primaria («No será una mujer quien me diga lo que tengo que hacer») e incluso secundaria (la peor) («Sin ser antifeminista, hay que reconocer que algunas cosas nunca sabréis hacerlas las mujeres»). Seguimos adelante con obstinación, sin decir nada, y trazamos el camino para nuestras seguidoras, que se han precipitado después por las brechas abiertas.

Sin embargo, poco a poco todo volvió a su sitio. O casi. «Se» nos aceptó. A la fuerza, no había alternativa. Hoy podemos estar orgullosas. Creamos, dirigimos y mandamos exactamente como los hombres. Las relaciones con ellos y con nuestras compañeras son jerárquicas («Monsieur Dupond, ¿me hace un cafecito, por favor?»), corteses («Si me permite que se lo diga, querido Eric, lo que ha escrito usted aquí es una verdadera mierda») o rivales («Al tal Lucien Durand me lo voy a cargar»). Hemos integrado perfectamente en nuestras vidas la ley de la selva y sus codicilos. Sabemos poner zancadillas, hacer malas pasadas, jugar con dos barajas, estar al quite, ser aves de rapiña con los que tenemos enfrente. Humanas, vaya. Como ranas entreveradas diez horas por día en el mismo charco, que se aman y se croan, o se tiran de las patas unas a otras para ser las primeras en trepar.

De acuerdo, no todo es color de rosa, el mundo del trabajo no está sembrado de flores. Hay que saber blandir la navaja para sobrevivir. Pero sobrevivimos. Más aún, nos realizamos.

Los señuelos del curro

Hay que reconocerlo: hemos disfrutado como locas (nos habíamos librado de una buena). Y aún disfrutamos. Todavía nos asombran nuestros nuevos juguecitos, aunque hayamos tenido tiempo para asimilarlos. El poder nos fascina. Y todos sus accesorios. El gran despacho. La secretaria. La línea directa. Las comidas de negocios en grandes restaurantes (nunca nos cansaremos de explicar el goce supremo en que se ha convertido para nosotras la liquidación de la cuenta. La nota de gastos es el poder a golpe de talonario, el acto machista que hemos retomado). El cochazo, cuyas ruedas aprendimos a cambiar solas en seguida. Los taxis de negocios. La consideración. Los viajes relámpago...

Coger un avión como quien coge el metro para ir por la mañana a negociar a Milán y volver por la noche, escribiendo a máquina en pleno vuelo para ganar tiempo (con nuestro PC* portátil) el informe que entregaremos al día siguiente a primera hora... Como dicen los anuncios de desodorante, esta vida superactiva nos aporta frescura. Es evasión, y mejor aún que la de las novelas que llevan ese nombre.

La damita sentada en la sala de espera que mira por encima de *Elle* o *Libération* (compramos los dos) si el guapo italiano va a coger el mismo Airbus, somos nosotras. Entre bromas y veras, todavía —un poco— alucinadas con nosotras mismas, pero siempre con (primera) clase.

Donde hay poder hay dinero. La pasta nos interesa. Aunque no sea el frente principal de la guerra, aunque aún no hayamos alcanzado por completo la igualdad de salarios, pasarnos sin ella sería hoy muy difícil. (Por otra parte, conocemos nuestro valor exacto, duro más duro menos. Y nos vendemos al mejor postor, como un hombre.) ¡Qué maravilla poder decir que ya no somos sólo el ingreso complementario sino que también podemos cubrir nuestras numerosas necesidades! No sólo el dinero de bosillo para pagarse los cigarrillos o el par de medias (el «Cariño, ¿no tendrías cien pavos?» —o mil o diez mil, según los medios del cariño en cuestión— ha desaparecido propiamente de nuestro vocabulario básico). Sino también las peleas para el alquiler, el coche, los viajes, la educación de los niños, sin bregar en exceso. Saber que podemos marcharnos de casa dando un portazo sin demasiado temor a encontrarnos en la calle nos ha otorgado una fuerza que ya no perderemos.

* PC: *Personal computer*, microordenador. El accesorio indispensable de la Super Woman.

Pero lo más excitante sigue siendo ganar. Obtener un contrato, llevar a buen término un negocio redondo, llegar hasta el final en todo lo que emprendemos. Una investigación pulcramente rematada, una defensa bien equilibrada, la venta de un millón de gomas a Arabia Saudita, la creación de una sociedad de chandals para perros o de una cadena de comida japonesa a domicilio... nada nos regocija tanto como eso.

Porque, digámoslo de una vez, nos gusta trabajar. Nos encanta pasar las noches en claro equilibrando el presupuesto de la fábrica de calcetines, las incontables horas extras que pasamos escribiendo el informe que se nos ha encargado con urgencia, los continuos tropiezos que nos hacen correr luego como alma que lleva el diablo. Dadnos el stress (creador), el cansancio (siempre sano), las angustias permanentes («¿un valium, jefa?»), las pesadillas reiterativas («he vuelto a soñar con mi aumento»).

Estamos enganchadas. Aunque en la actualidad rozamos la sobredosis. Los norteamericanos, que son conscientes de haber tocado fondo, denominan «workoholics» a las luchadoras de nuestra especie. Alcohólicas del trabajo, yonquis de las sesenta horas, no sobreviviríamos sin el servicio de exportación de la fábrica de gomas, el gabinete dental que hasta nos da dentera, la atmósfera electrizada de la agencia de publicidad.

Con un mes de paro basta...

Sin nos quitan todo esto, nos derrumbamos. Porque no nos engañemos. Una Super Woman en paro es como un helado sin cucurucho, un beso sin bigotes, un smoking sin pajarita. Un sucedáneo «déjame convertirme en la sombra de su sombra, la sombra de su perro», como diría Brel. Y no se os ocurra darle la lata con discursos pasados de moda. Decirle que una vez en casa hará mermeladas y pasteles, se ocupará de su encantadora familia y hasta podrá meterse a echar al mundo un pequeñín para no quedarse sin nada que hacer, es equivocarse de medio a medio.

Lo que se consigue quedándose en casa es que, una vez superada la euforia de las primeras mañanas, en cama hasta mediodía, el stress natural vuelve en seguida al galope. Para la SW, el único mercado soportable es el del trabajo.

La Super Woman en reposo forzado es mal asunto. Regaña a los niños (si fuera —demasiado— amable, quizá tomarían la mala costumbre de querer que estuviera en casa todos los días), no dedica más tiempo a los temas cotidianos que cuando trabajaba, se niega a cocinar, a limpiar (más bien tendería, por puro sentido de contradicción, a hacer menos que antes) y mira con melancolía su agenda desesperantemente vacía, que la semana pasada estaba aún desesperantemente llena. La «depre» se apodera de ella cuando no consigue hablar por teléfono con sus desbordadas colegas. Si, por milagro, consigue robarles una comida (en un restaurante muy distinguido, pagado por ellas con *sus* gastos de representación) en lugar de degustar como pensaba un poco de aire puro, catará una sopa «al aspaviento». Desde los entrantes *(carpaccio de salmón)*, empieza el ataque en picado. Tiene que aguantar, entre dos bocados, la sección lloros: «No puedo más, trabajo demasiado» (lo cual revela tan poco tacto como soltarle a una alcohólica con síndrome de abstinencia: «Estoy harta de atiborrarme de champán»). Con el plato fuerte *(langostino a las tres hierbas)*, los sagaces consejos: «¿Qué vas a hacer ahora? ¿Escribir TU libro? ¿Y por qué no creas TU propia empresa con el dinero de la indemnización?».

Y, por supuesto, a los postres (cuando la SW, hecha pedazos, termina de destruirse a conciencia con profiteroles, mientras la otra, con ánimo inmejorable a la vista de su propia suerte, se contenta con una tisana sin azúcar), la eterna y optimista conclusión: «Al fin y al cabo, *tú* tienes suerte. Retirarte durante algunos meses y encima cobrar por no dar golpe... No te das cuenta. Aprovéchalo. Es un sueño... Bueno, tengo que largarme, voy a tope, como de costumbre».

¿Un sueño? En fin... La verdad es que no... El hogar nos consume. El *sweet home* nos marchita. El dulce nido nos aburre. Una cosa está clara. Por encima de todo, no queremos volver a casa. Nunca más. Es demasiado tarde. El trabajo es nuestra vida. En todo caso, una gran parte de ella. Igual que para los hombres. ¿Acaso se les pide a ellos que cambien el maletín por las zapatillas antes de la edad de la jubilación? La pregunta da risa (la baja «por paternidad» ha sido un completo fracaso).

Nos hundimos incluso cuando el regreso a casa es provisional. De acuerdo, a veces, en nuestras horas más negras, nos atenaza el deseo del comeback. Pero la idea de abandonarlo todo para ser una *mater familias* con doce críos brincando alrededor (como en *Una docena de trece*) o una de esas rubias sublimes de la jet set que abordan a millonarios en piscinas (aunque ellas también deban de esforzarse y nadar mucho para que su vida fluya con facilidad) sólo roza nuestros pequeños y gastados cerebros superficialmente.

Y mientras tanto, ¿ELLOS qué?

¿Horas negras? A menudo. Entonces, y de una vez por todas, ¿de qué nos quejamos? Porque lo que nos consume no es el trabajo. Una vez puestas, en el trabajo podríamos hacer el triple, el cuádruple, sin inmutarnos. No, lo que nos mata son los detalles. Tanto que acaban por comerse todo nuestro paisaje. *Detalles*, es decir, todo este maldito fárrago que no hay más remedio que asumir, porque no hay nadie que lo haga en lugar nuestro. Y a la chita callando. Porque para sacar adelante nuestras carreras hemos de comportarnos como hombres, aunque ellos, por supuesto, tienen una mujercita que se ocupa de todo (y, además, sus esposas somos nosotras, las Super Women, mujeres de Career Men... El círculo está muy viciado). Las cifras son elocuentes: con un niño, la Super Woman trabaja 70 horas por semana, con tres, 72 (con cinco un poco más, etcétera). En cuanto a los Super Padres, cargan con quince menos.

Para ellos la vida es sencilla. ¿Por qué diablos molestarse en complicársela con naderías que ni les van ni les vienen? Por la mañana, apenas han franqueado la puerta de su domicilio, se convierten en amnésicos. Las mujeres y los niños, fuera. Ni dioses, ni amantes, ni padres, ni amigos. Todo el excedente, a la calle. Huérfanos. Robinsones en su isla, rodeados de una muchedumbre de Viernes. Sólo existen algunos Charles Dupont, jefe de personal, Marcel Martin, director adjunto de la fábrica de gomas, Henri Durand, consejero jurídico. Entre el exterior y ellos, todos los puentes se han cortado.

Incluso el teléfono, que con tanta prodigalidad utilizan para ponerse en contacto con sus clientes, permanece curiosamente mudo cuando se trata de marcar *nuestro* número. No llaman jamás, a menos que tengan que dar un mensaje urgente. Y cuando telefoneamos para saber qué tal están (también nosotras lo hacemos, no nos avergüenza confesarlo), nos encontramos con un tipo impaciente que farfulla: «Perdona, tengo una cita importante», y nos cuesta creer que sea el mismo que hemos visto desnudo bajo la ducha tres horas antes.

Su profesión es su segunda piel, se la ponen con el alba y se la quitan a duras penas por la noche, tras diez horas de esfuerzos. Al ver a los cuadros dirigentes y a los jefes, tan precisos, tan resueltos, tan arraigados en sus augustas funciones, uno se pregunta a menudo cómo duermen, cómo miman a sus niños, cómo hablan del amor o lo hacen. Tal es su aspecto de raza aparte, de generación espontánea que vive en un despacho y no se aclimata al exterior. Las cuestiones colaterales les importan un pito. Hasta el punto de olvidar durante un día entero lo que pasa en su casa. Si alguien, poniendo boca de corazoncito, les pregunta cómo está el pequeñín, adoptan un aire molesto y responden como si se tratara de una expresión obscena, fuera de lugar en esos ámbitos: «Va creciendo...».

Cuando vuelven por la noche, con frecuencia permanecen mudos. Trabajar y hacer rorró no compaginan bien. ¿Sus dificultades con Lambert, el jefe de la agencia? Nos enteramos por retazos, cuando se dignan explicárnoslos. Nosotras, que más bien tendemos a disertar sobre la menor escaramuza con Lambert y sobre todos los problemas del maldito despacho, tenemos dos soluciones: hablar en el desierto o dejarlo correr. Como esta elección nos resulta insoportable, intentamos restablecer el diálogo a cualquier precio. Nuestra actividad nos motiva hasta tal punto —y nos deprime en igual medida— que sentimos la necesidad vital de contarles *todo*. Cosa que ellos hacen más raramente. Además, nuestras historias los saturan en seguida, estando como están tan desbordados por las suyas.

Respecto a nuestro trabajo son ambivalentes. Se sienten muy orgullosos de ser los felices compañeros de una «antipichoncito» que pueden exhibir en los salones. Nos estimulan y nos animan, para pavonearse y congratularse mejor después: «Mi mujer es formidable». A veces llegan, incluso, a sacrificarse por nosotras. (Rara vez, pero ocurre. Rehusar un puesto de agregado cultural en Pekín porque «mi mujer entra en la política» supone un cambio en las costumbres y merece nuestro aplauso.) Sin embargo, no les molesta encontrarnos ya en casa cuando vuelven. Ni tampoco están (demasiado) descontentos cuando el paro nos abate en pleno vuelo, porque creen que así estaremos más disponibles para ellos y los niños. Ni están verdaderamente encantados cuando nos vamos durante dos días, o cinco, o diez, para un congreso en Roanne, un salón en Milán o un reportaje en Tailandia, y ellos se encuentran «solitos en el mundo» para cuidar la casa (y olvidan que SUS ausencias les toman al menos diez días por mes).

Los mejores, los más jóvenes, los Nuevos Padres, heroicos y pioneros (desde su punto de vista), los que uno se cruza por las noches tras la hora del cierre, con la cartera en una mano, el paquete de pañales en la otra, y el aspecto perdido del pobre diablo aturullado por la existencia, telefonean a veces a sus mujeres para decir que «todo va bien», a los niños para advertirles que no los verán esa noche, y, en los momentos de gran intimidad —el almuerzo, la pausa para el café—, enseñarán las fotos de Alexandre o Juliette (sobre todo a sus colegas del sexo femenino).

Los mejores, los de sanctasantórum, son exactamente como todo el mundo. Atacados por esa extraña amnesia que les hace desterrar toda vida privada o casi, olvidan que sus colegas femeninas son mujeres, que sus socios son mujeres, que sus jefes son mujeres. Como las demás. Como las suyas.

Patronas, pero no patrocinadoras

Según ellos, estamos hechas a su imagen. (Creen que esta comparación es un honor para nosotras.) Un plan de carrera entre manos (que prefieren bien cuidadas). Porque, entendámonos, seguimos siendo seres sexuados, desde luego, y lo reconocen. En el trabajo, como en cualquier otro sitio, el sexo es vida. En una oficina, sea cual sea, el jefe de servicio coquetea con la telefonista, a Dugland, el creativo, se le van los ojos tras la maquetista y, en casos extremos, la profesora Linda Le Mercier flirtea con su estudiante durante las prácticas. Pero el último ejemplo está bastante mal visto. Porque la Super Woman, si quiere avanzar, debe extremar la vigilancia. Preferir las historias de C. I. (Coeficiente Intelectual) a las historias de cama y, en el peor de los casos, si la aventura parece inevitable, no rebajarse de categoría. Apuntar más alto o igual. Más vale ser tachada de arribista porque se mantiene una *love story* con el Presidente Director General, que de ninfomaníaca porque lo que nos gusta son los ojos azules del recadero.

Para atajar este tipo de problemas, a la Executive Woman le conviene adoptar la actitud «neutro activa». Sexy sin excitar. Una pizca de seducción y un porte sofisticado. Dosificar los ingredientes. Como dama de la beneficencia y patrocinadora tiene aire de prejubilación. Como muñeca Barbie resulta vulgar. Ha de ser las dos al mismo tiempo y añadir la nota humorística. Encandilar: es de buena lid. En este combate sin piedad que es el mundo del trabajo, todas las armas, hasta las más desleales, están permitidas. Conocer los propios límites y no sobrepasarlos. La Super Woman no debe ser jamás un chollo sino un sueño (casi) inaccesible.

Si dejamos aparte la seducción, nosotras no somos para ellos ni hijas, ni madres, ni esposas. Sólo somos una profesión. Pusimos tanto empeño en demostrarles que éramos geniales, la flor de la canela, que acabaron por confundir a la mujer con su función. ¿Puede uno imaginarse a Anne Sinclair con una esponja, a Meryl Streep con su Mytosil,* a Christine Ockrent con las manos en la caca y a Jane Fonda depilándose el bigote? No y mil veces no. Como tampoco nos las imaginamos saliendo de los almacenes Monoprix, entre dos citas, con las compras para la cena desbordándose de la bolsa. Hasta nos cuesta trabajo, a veces, vernos así a nosotras mismas. De repente, se supone que hemos dejado nuestra vida privada en el guardarropa al llegar por la mañana. Cuando, en realidad, se produce exactamente lo contrario. Sobre todo cuando aparece el niño.

* Mytosil: pomada contra la irritación de la piel del bebé. *(N. de las T.)*

IV

Executive Mammas

Las estadísticas actuales y nuestras lecturas nos dicen que el individuo más fatigado es la mujer entre 25 y 35 años que trabaja todo el día fuera de casa y tiene dos niños.

LAURENCE PERNOUD

Il ne fait pas bon être mère par les temps qui courent, Sotck, 1981.

El *baby-boom* está en el aire

Un bebé es mono, mimoso y tierno. Y ELLOS los adoran a todos. Excepto, es curioso, a los nuestros. Sin embargo, lo pregonan en todos los tonos, incluso lo exhiben en las paredes de nuestras ciudades: haced bebés para el porvenir, para el retiro, para la patria, para la familia... No hay duda: Francia tiene alma de natalista. Pero sólo alma. En el trabajo, para nuestros jefes, socios o queridos colegas, un bebé es, en primer lugar, una fuente de complicaciones. Trabajo y «criajo» sólo riman con problemajo. Sin embargo, más del 60 % de las mujeres caminamos por la cuerda floja, desgarradas entre pañales-braguita y maletines.

Solteras y sin niños, somos perfectas. Explotables y utilizables a discreción. Siempre disponibles, con la mirada puesta en la línea recta de nuestro aumento. Aceptamos jugar a ser médicos de guardia, aplicándonos sin refunfuñar al informe pedido a último momento; consentimos con una sonrisa de dientes para afuera en correr a buscar a los japoneses, que llegan esa misma noche a Roissy, hacia las once; nos ofrecemos voluntarias para «cubrir» el terremoto de Méjico: «El avión despega dentro de una hora. Con usted adentro». En cuanto se anuncia el *baby-boom*, las cosas se tuercen. De acuerdo con Méjico, pero déjennos cinco minutos para organizarnos.

Querer un primer niño, cuando nos consume la jornada completa, es ya kamikaze. Nunca es el momento adecuado. Ya tenemos demasiado quehacer con abrirnos camino. O no tenemos bastante dinero. O las dos cosas a la vez. Cuando el trabajo marcha bien, aún nos falta encontrar al padre. Al adecuado. Al que habrá que soportar, si no toda la vida, unos cuantos años como mínimo, hasta que crezcan los niños. O bien tenemos ambas cosas, la carrera y el papá, pero no damos abasto. Y como la naturaleza está hecha de tal modo que una vida sin niño nos parece, al menos a muchas de nosotras, insoportable (incluso las que se niegan ferozmente a ser madres experimentarán, en un momento dado, un vago pesar o una punzante carencia), estamos dispuestas a todo por un nenito, desde madres portadoras de fetos a bebés probeta, desde operaciones a adopciones.

La anunciación al Big Boss

Una vez que se ha concebido el niño, aún nos queda por hacer lo más complicado. Primer escollo, y no precisamente pequeño: decírselo al jefe (en principio, él siempre es el último en enterarse). En Estados Unidos, donde las leyes sociales llevan veinte años de retraso en relación con las nuestras, el best seller de las Executive Women se llama: «Espero un bebé en el despacho» y la faja precisa: «El momento más duro de vuestro embarazo es cuando vais a dar parte de él a vuestro jefe».

En Francia, donde las asalariadas han conseguido la indispensable baja por maternidad, las reacciones del superior son, curiosamente igual de hostiles. Aun cuando no ose refunfuñar abiertamente, no llevará la magnanimidad hasta el extremo de ofrecer champán (de esto se encargan las colegas).

Porque, para un jefe, este bebé significará siempre cinco meses que estaremos sin trabajar. Vuestra alegría le importa un comino. Vuestras angustias lo dejan impertérrito. Y si, en un alarde de *fair-play*, os felicita a regañadientes, no os creáis por ello que habéis ganado la partida: siempre hay un momento en que algo huele a podrido. El *baby-boom* es en primer lugar, desde su punto de vista egoísta, un boom de molestias... (Por otra parte, cuando sois vuestros propios jefes, abogada, doctora, arquitecta, etcétera, un bebé significa trabajar hasta el último día o casi, porque las bajas por parto salen de vuestro propio bolsillo.)

En resumen, anunciarle la «cosa» lleva a veces días y días y, sobre todo, noches en claro dando vueltas a las frases, buscando la forma más fina de hacerle tragar la píldora, y perdonen la expresión.

Está el estilo catastrofista, para que se sienta obligado a levantaros la moral. «Tengo que darle una mala noticia.» Al hablar, adoptáis un aire siniestro. En seguida teme lo peor. «¿Ha llegado a oídos de nuestros competidores la nueva patente? ¿Perdemos dinero?» Negáis con la cabeza, cada vez más sombrías. «No, más grave. Voy a tener un bebé.» Él respira, aliviado. No era más que eso... Ahora se ve obligado a felicitaros y a dejar para más adelante sus asperezas.

Está la optimista de tomo y lomo, que aprovecha el momento relajado de la pausa del café para lanzar un jovial: «Jefe, la empresa va a enriquecerse. Estoy encinta. Y es de mi marido...». Y, zas, se ha pescado al jefe por sorpresa.

Está la que lo implica: «Gertrude si es niña y Théophile, como usted, si es niño: por supuesto, usted será el padrino».

Tenemos también a la profesional que le envía una nota con cinco puntos: «Espero un niño cuyo nacimiento está previsto para el 30 de agosto a las 17:35. Así que me tomaré mi baja por maternidad a partir del 15 de julio y estaré de nuevo disponible desde el 15 de diciembre, vacaciones de verano incluidas. Me las arreglaré para no perturbar la buena marcha del servicio. Y cuente conmigo en caso de urgencia». En pocas palabras, conservar siempre la clase. No permitir que crezca la exasperación, legítima a vuestros ojos.

Pero hay algo peor que el anuncio de un primer niño: el de un segundo o un tercero. Sobre todo, cuando este último pequeñín no estaba precisamente programado. Creíamos que «se elegía» dar a luz. Y resulta que «se queda embarazada». Pues sí, en nuestra época. Veinte años después de la ley Neuwirth. Una vergüenza, o casi. Es el fallo de la píldora —aunque raro, existe—, justo cuando acabamos de estrenar nuestras nuevas funciones como jefe de personal. Ay, cómo debe de estar el que os escogió entre otros mil candidatos, pensando que con vuestros dos niños quedaríais libres, por lo menos, de vuestras OM (obligaciones de maternidad). Porque la verdad es que a los jefes les repele contratar a «madres potenciales», pues piensan con horror en el absentismo que conllevará. Sin embargo, estadísticamente, y para acabar con los falsos prejuicios, nosotras, a la larga, nos ausentamos menos del trabajo que los hombres.

Y cuando se anuncia el segundo bebé dos meses después del nacimiento del primero (el accidente durante la lactancia; eso no le ocurre sólo a las demás) escucháis la siguiente reflexión, después de todo merecida: «¿No le molesta, eso de trabajar seis meses al año?»

Una cosa está clara: la ejecutiva con bombo no se cotiza a muy alto precio. En el mejor de los casos, se la considera afectada por una extraña enfermedad. Su «situación» no cuadra con sus altas funciones. En todo caso, no se halla en su estado normal: ya no se sabe cómo tratarla. Se da el paternalista que os acaricia la barriga muy amablemente, mientras dice: «Espero, chata, que no ME hará tres seguidos...». O ese alto funcionario de un gran ministerio, que anotó en el expediente de una colaboradora obligada a guardar cama para evitar un parto prematuro: «No he tenido tiempo de apreciar las cualidades, seguramente excelentes, de madame Rivière, ausente mucho tiempo a causa de una larga enfermedad». (La «larga enfermedad» en cuestión tiene hoy seis años.)

Super Barrigona

Para probar lo contrario, es decir, que un vientre gordo no afecta al cerebro, bregamos aún más que de costumbre. Corremos en todas direcciones, nos exhibimos con orgullo (y, a pesar de todo, nos sentimos muy orgullosas). Avión, moto, coche, entrevistas (como la periodista Ockrent en la tele, encinta de ocho meses), gimnasia y regímenes, indumentaria sexy (se hace lo que se puede). ¡Abajo las «focas», viva la Super Mamma!

En las maternidades de moda, como la clínica Saint-Vincent-de-Paul, el espectáculo comienza ya en la sala. De espera. Las nuevas futuras madres ya no tejen ropita de niño color pastel mientras esperan a *su* ginecólogo (que ahora es más un psicoanalista que otra cosa, tan grande es la «transferencia»). Vestidas con tejanos robados a sus maridos, faldas grandes y largos jerseys o pantalones ajustados comprados en cualquier sitio salvo en Prenatal (los trajes de embarazada clásicos están proscritos, evidentemente), abren *Le Monde*, hojean

L'Observateur o *L'Evénement* o se hunden en el último Badinter. Esta visita, mensual durante nueve meses, se convierte en una cita como cualquier otra. Se habla de todo, política, economía, trabajo, el tiempo y, si es indispensable, del bebé que va a nacer. Pero sólo al final, so pena de pasar por persona mal informada. O peor aún, por una madre a tiempo completo.

El drama es que muchas veces no se sabe muy bien qué postura adoptar. Entre la imagen tópica de los anuncios de seguros de vida —la mujer encinta en la mecedora a la espera del nacimiento, aureolada por un vaporoso toque hamiltoniano, mientras se mira estúpidamente el ombligo—, y el nuevo mito asimismo exasperante de la superactiva que prácticamente da a luz en el despacho entre dos citas, no sabemos cuál escoger. Querríamos ser normales y no serlo *a la vez,* vivir como si nada pasara y sentirnos permanentemente *habitadas.*

Nos gustaría tener derecho a llevar nuestra modesta vida interior tranquila durante estos nueve meses. Por otra parte, es como si el bebé estuviera aquí, le hablamos, nos quedamos estáticas para sentir cómo se mueve, le hacemos escuchar música clásica, lo ponemos al sol para que pueda respirar, aplicamos los libros de Brazelton y Dolto al pie de la letra, incluso antes de que haya nacido. Llega una a preguntarse cómo han podido nacer niños equilibrados antes del nuestro...

Pero al mismo tiempo hemos de trabajar hasta el final, como un hombre, mejor que un hombre, ya que debemos rendir el doble para que se olvide nuestro estado (y, paradoja, hacernos cada vez más pequeñas a medida que engordamos).

A menudo esto recibe rápidamente su castigo... El reposo forzado para evitar un bebé demasiado impaciente por salir. Está estadísticamente probado: más de las tres cuartas parte de los embarazos de alto riesgo se producen en las licenciadas y las Career Women. Esta inoportuna baja es otra buena noticia para el jefe, el socio, incluso el querido colega, que sospecharán *in petto*, aunque os compadezcan en voz alta, que deseáis escurrir el bulto. Vosotras y Ellos no tenéis la misma versión de los hechos. En cama durante seis meses, hervís de impaciencia: sólo la idea del bebé os impide romperlo todo. Ellos piensan, en cambio, que esto son unas vacaciones y os sumergen en expedientes para estudiar en casa. Que vosotras aceptáis por sentimiento de culpa en nombre de la sacrosanta rentabilidad. Porque el embarazo de la Super Woman es permanentemente una curiosa mezcla de remordimientos y satisfacción.

Curro Slow y Baby Blues

Una vez «puesto» el bebé, recibidos los telegramas y marchitadas las flores, lo ideal, para ellos, sería que volviéramos, zis, zas, como si no hubiera pasado nada (y además, muy contentas de reencontrar nuestro puesto). Con el aire contrito de quien, jurado y perjurado, no lo hará nunca más. Hay que actuar como si el bebé fuera sólo un recuerdo lejano, un momento entre paréntesis, rápidamente cerrado y, una vez guardadas las fotos y regalos en el fondo del cajón, volver al trabajo sin pensar más en ello.

Pero es precisamente entonces cuando pensamos más en ello. Frustradas por el deseo de su presencia (a los tres meses es tan pequeño...), angustiadas por la guardería, la nodriza o la tata (aún no nos hemos acostumbrado a ella), agotadas por el parto, la lactancia, las noches en claro, deprimidas por los kilos de más, retomamos el trabajo en pleno babyblues. En total confusión. Y hasta las más competentes, las más productivas, se preguntan al menos una vez al día por qué pierden el tiempo con estas citas, cuando el bebé las necesita (y ellas lo necesitan a él, sobre todo). No cabe duda de que hay que enfrentarse a ello, pero el reajuste es duro. Casi llegamos a envidiar —¡ay, horror!— a las madres «del hogar», olvidando que los tres meses que hemos estado en casa con frecuencia nos han pesado.

Y cuanto más pequeño es, más se nota. Pronto llega el ciclo infernal de las enfermedades en «itis» (otitis, rinitis, bronquitis), benignas, pero difíciles de manejar entre citas que no pueden postergarse (¿cómo aplazar una audiencia en el Palais de Justice cuando Raphaël tiene 40°?) y Nuevos Padres desbordados. En seguida se aprende a hacer trampas. ¿Que augusta, la Super Tata, está enferma? Es mejor disculpar el retraso alegando una avería del coche que un ridículo «He tenido una avería de tata...».

Y no se pone más fácil cuando los niños son mayores. Al contrario. Como dice el refrán: «Tus hijos criados, tus cuidados doblados...» Desde «Clément ha tenido un accidente de moto» y ya estáis temblando, mandando a la porra la reunión para correr de hospitales a comisarías (por suerte, lo único que se ha roto han sido los frenos), a «No ha venido nadie a recoger a Elsa al colegio» (y dejáis todo plantado para recoger a la pobre pequeñina que, mientras tanto, se atiborra de caramelos y mira el canal 5 en la garita de la portera del parvulario), la lista de las interferencias entre ellos y el proyecto de carrera es interminable.

¿Y qué hacen los padres? A menudo son inencontrables. O no pueden desplazarse, ya que *su* trabajo es mucho más importante que el *nuestro*. Menos mal que en los momentos duros nos animan enérgicamente por teléfono y vuelven a llamar después para saber qué ha pasado. Sin esto, la vida sería francamente insoportable.

El niño-rey, vuestro querubín, el tesoro de vuestra vida, es persona non grata en el mundo del trabajo. Es duro admitirlo, pero ésta es la realidad. Se tolera a los perros que se pasan el día echados a los pies de su amo. Pero el niño debe brillar, sobre todo, por su ausencia. No hay que llevarlo nunca al trabajo, aunque algunas veces tengamos ganas de exhibirlo. Tras los primeros gritos de éxtasis usuales, se convierte de nuevo, en seguida, en lo que nunca dejó de ser, un estorbo, un agitador, un inoportuno. Y un doloroso recordatorio para unos y otros de que madame Durand, la misma que tiene aterrorizada a toda una sección, es también una amable mamá cuando hace falta.

¿El absentismo cuando el niño está enfermo? Una engañifa, incluso si a veces es un derecho, algunos días al año. Muy pocas los aprovechamos. A duras penas, en nuestro despiadado universo, toleran los JR de nuestros jefes nuestras propias enfermedades (y cuando nosotras mismas somos JR, hemos de dar ejemplo, trabajar con 40° de fiebre o una afonía). De modo que las de los niños...

Tótem: el caracol

Por supuesto, todas estas dificultades son «estrictamente confidenciales», salvo para oídos amigos. Los de las otras colegas son compasivos: *conocen* nuestros sufrimientos por haberlos experimentado en carne propia. Y saben que en este lío de los niños nos encontramos «solas en el mundo» (como le confiaba un día Michèle Barzach, nuestra ministra de Sanidad, a una agregada del gabinete ministerial cuya organización se había desmoronado un tanto).

¡Ya está, listas! Ya somos miembros de por vida del club de las EM (Executive Mammas). Su tatuaje está grabado en el rostro verdoso de todas aquellas que exhiben a las nueve de la mañana unos ojos un poco más ojerosos que la víspera, porque a Valentin le dolieron los dientes por la noche. ¿Que cuál es su tótem? El caracol, por supuesto, que transporta permanentemente su casa sobre la espalda, como todas estas heroínas.

El número empieza desde el momento mismo en que franqueamos la puerta del despacho. (En realidad, comenzó dos horas antes por lo menos, cuando despachamos en un periquete a toda una familia, cada uno bien ordenadito en su casillero.)

«Y vean ahora a nuestra Super Woman, que les va a mostrar cómo hace juegos malabares, sin equivocarse jamás, con todos los elementos que componen su vida. Acérquense, señoras y señores, vengan a echar un vistazo, merece la pena.» Sin duda, hay aquí material suficiente para hacer reír a una multitud. Salvo precisamente a nosotras. Algunos días, incluso, no tiene ninguna gracia. Hay que manejar la entrevista con Chirac y los 38,5° del benjamín (como cuenta la propia Anne Sinclair en la revista *VSD*). El litigio del divorcio de los Mouron- Jacquard en los juzgados y la compra de bambas para Jéremy en el trayecto de vuelta al despacho. El telefonazo furioso al proveedor que se retrasa en la entrega de fusibles y la llamada sobre la marcha al carnicero para la cena-imprevista-de-la-noche (tres amigos que se invitan). El informe sobre el que intentamos concentrarnos, interrumpido por una llamada telefónica de Thomas, que no entiende nada de su traducción de latín. (O de Léa, que pregunta con su aguda vocecita: «Di, mamá ¿cómo se dibuja un dragón azul?», al mismo tiempo que discutís con Dugrand-Dugland.) Porque, incluso si una celosa ayudante filtra todas vuestras llamadas, la de los niños (del marido o de mamá) la aceptáis como una urgencia, deteniendo todos los demás asuntos. Y, de hecho, se detienen.

Para una Super Woman el teléfono es más que una necesidad, es el hilo que la conecta con la realidad. Y que le permite reservar turno a las diez en la peluquería para la hora de comer, a las tres de la tarde hacer el encargo a Congelados Picard, a las cinco verificar si los niños han vuelto del colegio sanos y salvos, a las seis dictar la receta del pato con nabos o de la pasta con mantequilla a la tata (según *vuestros* imperativos y *sus* posibilidades) y, entre horas, tachar una detrás de otra (¡y con qué voluptuosidad!) las líneas de la preciosa lista que jamás la abandona y que sólo ella puede descifrar (*Modelo tipo*: 1. Dentista Thomas. 2. Com. Linda anular. 3. Expediente Dureau. 4. Mantequilla. 5. Tel. ND. 6. Flores abuelita. 7. Ver Lemercier. 8 FECSA urgente).

¿Diga? ¿Tokio? Cuqui tiene 40°

Y todo esto no es más que la rutina. Lo cotidiano, tan banal que hasta da lástima. El orden de cosas habitual. Casi descansado en su repetición. Porque en cuanto las cosas se estropean (tatas enfermas, niños que hay que ir a buscar al colegio de improviso, coche averiado, etcétera) o se salen de lo ordinario, la vida cotidiana toma de repente unas proporciones mucho más aterradoras.

Como el viaje de negocios. No el ida-y-vuelta-París-Milán o Rennes-Estrasburgo, que se despacha en un día. No, el largo, el que os retiene lejos, muy lejos de vuestra casa, al menos durante cinco o seis días. Japón, por ejemplo, donde toda Super Woman debe ir una vez en su vida para conquistar un mercado. (Aunque Tokio, más cotizado que Nueva York, está perdiendo puntos en provecho de Pekín o Sydney.) Pero bueno, digamos Tokio. Antes del día D tenéis que arreglar dos o tres cosillas, para marcharos con el espíritu tranquilo. ¿En el trabajo? Algunos asuntos corrientes por despachar (diez días de trabajo concentrados en tres); los contratos que hay que preparar, la organización de la partida y las consignas que hay que dejar sólo nos toman, al fin y al cabo, dos horas como máximo cada tarde.

¿En la casa? Sencillísimo. O casi. Basta con: 1º convencer al padre de los niños para que vuelva a casa por la noche antes de las nueve a fin de relevar a la tata.

¿Fácil? Desde luego... Prueba de ello es uno de estos especímenes exasperados por la futura ausencia de su mujer que, rabioso, se puso a tachar en su agenda todos los días que ella no iba a estar, mientras aullaba: «¡Volver a las 6:30 de la tarde es como no ir a trabajar siquiera!»; 2º organizarse para que ELLOS puedan sobrevivir toda la semana sin vosotras. Llenar hasta los topes los armarios, el congelador, la nevera. Añadir a la tata habitual una canguro disponible todas las noches por si acaso (muy probable) el Nuevo Padre tuviera ganas de salir. Y prever una organización estratégica para el fin de semana. Pedir a vuestra madre que esté en pie de guerra. Dejar dinero en escondites secretos.

Hacer listas de todo. Como si el resto de la familia, aparte de vosotras, estuviera compuesto por irresponsables retrasados mentales. Y pegarlas bien visibles en lugares estratégicos. Medicamentos básicos para dar en caso de urgencia (no confundir *eosina* con *catalgina*). Ropa que hay que poner o quitar a los niños en caso de variación de la temperatura (precisar con todas sus letras que el jersey de mohair rosa es para cuando hace —15°, pero que en esta estación —un septiembre muy benigno— Marie puede pasar muy bien con uno de algodón). Menús equilibrados (no darles pizzas, crêpes, pastas y patatas en la misma comida). Tratado detallado de puericultura si dejáis un bebé («Tetina nº 1 para la leche, tetina nº 2 para la leche y los cereales, tetina nº 3 para la sopa...», escrito en letras de fuego por si nadie hubiera entendido que todo biberón tiene tres velocidades...).

En resumen, cuando al fin os subís a vuestro avión estáis peor que si os hubieran dado una paliza. No hablemos ya, una vez en Japón, de las angustias a las tres de la mañana (siete de la tarde en Francia), en el piso treinta y tres del hotel Akasaka de Tokio. Agotadas por el *jet-lag* y por las ideas negras, dais mil vueltas en la cama. «Y si Noemí se resbala en la bañera y se hace un corte en la frente, y su padre no está allí, su abuela está de paseo y el médico de visita... ¿a QUIÉN puede recurrir

Augusta en MI ausencia?» Sobre todo, no hay que llamar, ni cuando se halla una inmersa en lo peor de la pesadilla. Porque más vale la duda que la voz falsamente festiva del marido que responde: «No, todo va bien, cariño, nos las arreglamos sin ti». Silencio. «Más o menos.»

La víspera del retorno os habéis hartado de reverencias, cenas de *sushis* en las que sois la única mujer negociando con ocho siniestros japoneses, discusiones interminables sobre los puntos más infinitesimales del contrato. Os gustaría mucho quedaros un día más, para visitar y hacer un poco de *shopping* en otro sitio que no sea las *duty free*. Por teléfono, desde allí abajo, la voz desfallece. «Los niños tienen 40°. La tata está enferma. Y yo tampoco me encuentro muy bien. En realidad, *tu* madre está aquí.» ¿Qué hacer? Volvéis. Calculando que con la ayuda de un somnífero dormiréis en el avión de vuelta, porque eso de dormir hasta decir basta al llegar no parece cosa fácil (justo una hora para recuperarse). Después de todo (y estad seguras de que «ellos» os lo subrayarán), no estáis cansadas: ¿no acabáis de tomaros ocho días de «vacaciones»?

La Executive Mamma, ¿por fin canonizada?

La vida cotidiana de la Executive Mamma no es precisamente fácil, desde luego. Habría que condecorarla, más que con el premio Cognac,* con el distintivo de una orden creada especialmente para ella. Cuando se piensa que lejos de estar asqueadas están siempre motivadas y que todas repiten... Un primer niño para conservar el apellido. El hermanito dos años después, sobre la

* Premio Cognac: debido a la actual política natalista de Francia se ha creado este premio, que se otorga a las mujeres que tienen varios hijos antes de los 20 años. *(N. de las T.)*

marcha, para que el primero tenga con quien jugar. El tercero, porque dos no son suficientes para formar una familia. Y el benjamín para los años de nuestra vejez. Si pudiéramos tendríamos diez tan contentas. Porque nos apetece. Porque nos gusta. Consumimos más niños que cualquier otra cosa: con un hermoso apetito de ogresa. Nuestro sueño secreto es una casa repleta de risas, con la mesa servida para quince y el árbol de Navidad viniéndose abajo por el peso de los regalos. Nuestra alegría cotidiana: los secretos cuchicheados, las manecitas apretadas, los mimos, los besos, los primeros pasos, el «mamá» clamado en cuanto se abre la puerta.

Sin embargo, nada nos alienta a ello. Y menos que nada las ridículas medidas pro natalidad promocionadas por el Estado. Aunque las primas por cría puedan ayudar a algunas de nosotras, mejor harían nuestros queridos gobernantes en multiplicar las guarderías. Y, sobre todo, en jugarse de verdad el todo por el todo para desencadenar una revolución cultural que modifique las estructuras y los comportamientos con respecto a los niños.

Porque lo que los mata no es el aborto. Es la sociedad entera la que fabrica ángeles. Resulta casi un milagro que se llegue a tener dos, para no hablar de tres... Es una carrera loca que transforma a toda primípara en una Super Woman de potencia 1.000. Potencia que aumenta proporcionalmente con cada nuevo niño.

V

Super Mammas

Por añadidura, queremos que nuestros cariñitos sean perfectos. Como nosotras. Competentes a imagen nuestra. Ni uñas sucias, ni dientes sin lavar, ni deberes mal hechos. Ni groseros ni teletontos. Y nos ocupamos de todo en los menores detalles. Sin descuidar un solo campo propicio a su desarrollo. Gritamos bien alto y sólo escuchamos a los psicólogos que lo proclaman a los cuatro vientos: un niño es más feliz, más autónomo y más espabilado cuando el padre y la madre trabajan. Pero para compensar nuestra «deserción», nos dedicamos quince veces más a ellos que una madre que se queda en el hogar. Nada que pueda hacerlos más guapos, inteligentes, graciosos y despiertos nos es ajeno. El trabajo de Super Mamma es de jornada completa.

Bonpoint o Monoprix

Primera ofensiva, la ropa. Gastamos tesoros, en energía y dinero, para que vayan de tiros largos, como verdaderos dandis de parque infantil, y a menudo damos primacía a su elegancia sobre la nuestra. Antes incluso del nacimiento de estos Super Bebés hemos hojeado todos los catálogos de ropita de niño para encontrar modelos de jerseys de color gris ratón, verde celedón y vincapervinca (desterrar el rosa pálido y el azul repipi) que podamos tejer nosotras mismas. O una abuelita hábil. Algunos peleles de las tiendas de Agnès B después. Somos insuperables en cuanto a punto smock, petos con botones de presión o jerseys de punto jacquard y trenzas hechas a mano. Inflexibles en cuanto a los materiales (algodón y lana exclusivamente); los colores (sobrios, sufridos, en los tiempos que corren, con detalles en verde brillante y, sobre todo, en negro, para desesperación de nuestras madres), y las formas (las excentricidades son de hortera o de nuevo rico).

Tienen que estar monos sin ir demasiado a la moda. Con un look siempre impecable, conseguido en Osh-Kosh, Tony Boy, Pom d'Api o Monoprix. Tanto si nos gustan tipo clásico golfillo como tipo BCBG gracioso, deben dosificar humor, garbo y calidad.

Nos pasamos unas a otras las direcciones, los trucos, la marca adecuada de calzados divertidos y sólidos que aguantarán todo el año, las rebajas de buen gusto. Ahorrativas, nos dejamos unas a otras la ropa de un año para el otro, los pantalones cortos estilo inglés de Simon para Romain, los trajecitos estilo *liberty* de Emilie para Elise. Pero desembolsamos sumas exageradas, sin complejos, en una bata de Lanas Escocesas o un anorak de plumas de verdad. A ellos, como a nosotras, no se les permite desentonar. Si el hábito no hace al monje, según nuestros criterios sí que hace niños logrados.

El C. I. de Einstein y el humor de Coluche

Como buenas Super Mammas, no nos detenemos en la mera apariencia. Queremos también que tengan el C. I. (Coeficiente Intelectual) de Einstein desde el parvulario, el genio musical de Mozart desde la primera clase de solfeo, la pincelada de Picasso cada vez que pintarrajean concienzudamente los expedientes de papá, el humor de Coluche en cada réplica.

Nuestra bebolatría empieza antes de su nacimiento. Es el resultado de una práctica muy en boga desde hace algunos años, desde que «psidiatras» de toda índole descubrieron que los bebés tienen un alma. Y hasta un pensamiento. El pañuelo (o cualquier objeto innominable) que puede bautizarse «cuqui», «cuchi», «puchi» y que todos, sin excepción, arrastran tras sí desde la noche de los tiempos: «el objeto transicional». Siendo fetos, «escuchan» a Beethoven y a Bach para desarrollar su sentido artístico (Madonna les gusta menos, los asusta). Al mes, los inscribimos ya en la Escuela Alsaciana, a los tres meses les regalamos su primer Larousse Ilustrado. A los cuatro, chapotean con los bebés nadadores. Y sólo un resto de sentido del ridículo nos impide ponerlos a estudiar violín a los cinco (método Suzuki) o chino a los seis.

Seguimos los libros de Dolto y Brazelton al pie de la letra y desde el primer minuto de su existencia les hablamos como a licenciados en «ciencias del Orinal», «Muy bien, Anatole, has hecho una caca magnífica, estoy muy orgullosa de ti, ahora vamos a echarla al retrete». El menor despertar nocturno se aprovecha, a pesar del deseo irreprimible de volver a la cama, para cantarle una o dos nanas. Para atenuar lo mejor que podemos el trauma de la pesadilla.

A medida que pasan los meses, la cosa empeora. Éramos bebólatras y ahora somos criofanáticas. Nos convertimos, a escoger, en *Kyoiku Mammas,* madres japonesas creadoras de generaciones de nipones competitivos, o en *Yiddish Mammas,* madres judías-grandes productoras de carne de diván. (Porque cuando por fin nos sentimos orgullosas de nuestros pequeños prodigios, que son los primeros en todo, incluso en gimnasia, tendremos que escuchar al profe de francés explicarnos fríamente que somos un modelo de madre demasiado abrumador para Juliette. Y que la pobrecilla se carcome con la idea de que nunca conseguirá parecerse a nosotras...)

Pacientemente, les enseñamos a hablar (el primer «a'iós mamá» que pronuncia Samuel al año en su media lengua nos reafirma, si es que era necesario, en la íntima convicción de que hemos «puesto» un cerebro excepcional), y luego a leer y a escribir: a los cuatro años tiene que haber cumplido el programa. Escogemos con cuidado los libros de cuentos que les leemos todas las noches con mucho cariño, incluso cuando estamos agotadas: «Entonces Rizitos de Oro encontró a Caperucita Roja». Y nos sentimos tan orgullosas cuando a la larga acaban por sabérselos de memoria... (¡Hay que ver los aires triunfales que adoptamos cuando Hugo, a los dieciséis meses, imita sin equivocarse a todos los animales de su *Bestiario*, de la editorial de *père* Caster...! «¿El gato? Miau. ¿El perro? Guau, guau. Muy bien, cielo.» Un poco más y nos ponemos a cuatro patas, con traje de chaqueta, para enseñarle el elefante y su trompa.)

¡Con qué prisa y qué gusto les hacemos descubrir a continuación los héroes de papel que poblaron nuestra infancia...! D'Artagnan, Cossette, Ivanhoe, Rouletabille... Y después, también, la «buena» literatura. Que no soportaríamos desdeñaran en favor de los tebeos.

Tendrían que ir adelantados en todo, para dejar pasmadas a nuestras amigas (que no se impresionan demasiado, porque ellas alimentan para sus pequeños genios las mismas intenciones que nosotras), para tirarnos un farol con la maestra (que tiene a treinta como él a su cargo) y ser tres veces mejor que sus compañeros de clase. Deben ser los primeros, en caso extremo los segundos, pero nunca menos que eso. Incluso si para conseguirlo nos tenemos que arruinar en clases particulares de inglés o de alemán. Desde la primera reanudación del curso escolar anunciamos con orgullo que Delphine está en segundo curso (tradúzcase en segundo de párvulos). Quisiéramos verlos a los seis años en sexto de EGB, a los doce en COU y al mismo tiempo suspirar porque crecen demasiado de prisa.

El síndrome de estirar la cuerda

Resultado: nos pasamos de la raya. Tenemos tanto empeño en convertirlos en superdotados, que olvidamos demasiado de prisa que sus atiborrados cerebros tienen aún formato de bolsillo. Por eso nos echan en cara todos nuestros pacientes esfuerzos: hemos tirado demasiado de la cuerda.

Les compramos juegos educativos muy por encima de su edad, Fisher-Price a troche y moche, puzzles, collages, recortables, bingos, alfabetos para aprender divirtiéndose, dominós, juegos de construcción científicos, métodos para aprender ajedrez a los cuatro años. Y nos desconsolamos cuando prefieren con creces garrapatear en las paredes.

Quisiéramos que sólo tuvieran gustos refinados, como nosotras. Y comprobamos horrorizadas que nuestras hijas sólo piensan en las Barbie o en las Chantal Goya (y exigen llevar «trajes de princesa» rosas o violáceos, llenos de perifollos y lacitos, como sus ídolos). O como cuando nuestros hijos amenazan con «pulverizarnos» con sus horribles pistolas láser, mientras nosotras habíamos decidido de una vez por todas que jamás entraría una sola «arma» en el baúl de los juguetes.

Alimentadas con sanas lecturas en nuestro período feminista, como la famosa *Du côté des petites filles* de Eléna Belotti, nos gustaría, como es normal, prepararles cuidadosamente la educación ideal que nosotras nunca recibimos. Fabricar desde el primer día minis-Nuevos Hombres y unas Super Women chiquititas, con papeles intercambiables entre chicas y chicos. Así, creemos nosotras, no tendrán que luchar como sus padres para desembarazarse de atavismos culturales tan pasados de moda como molestos. Y nos caemos de la higuera cuando Simon utiliza las muñecas de su hermana a modo de garrote. Y Alice nos exige para Navidad, ceceando, «un azpirador pada haced la limp'eza».

Soñamos con distracciones interesantes para ellos, que les ayuden a desarrollarse y en las que sobresaldrían: piano, judo, cerámica, danza clásica, claqué, club de poneys, coral, iniciación al dibujo, a la escultura, al paracaidismo. Y nos preguntamos por qué está Eloi hecho polvo el miércoles por la noche.

Les organizamos salidas al circo, tardes en el museo de artes decorativas, conciertos, *La flauta mágica para niños*, espectáculos de marionetas húngaras o teatro experimental infantil, en los que actores motivados se encargan, en nuestro lugar, de despertar su sensibilidad. Y nos hundimos cuando, en mitad de la representación, Liza se revuelca por el suelo reclamando la serie *Ulysse revient*. O Lucas refunfuña porque ha vuelto a perderse *Supercopter*.

Les organizamos estancias lingüísticas en Irlanda o Londres. Y nos sorprendemos cuando Stéphanie vuelve con un acento cockney que hiere los oídos y diez kilos de más, por sobredosis de *fish and ships* y *marshmallows*.

Pero nada nos desanima. Queremos que lo tengan todo y que estén bien educados. Ganarnos los laureles del cuadro de honor de las madres. Aunque haya otras personas educándolos durante media jornada.

VI

Super Tatas

> Toda mujer que confía su niño a otra persona se pregunta constantemente si hace bien. En su ánimo está aún muy arraigada la imagen de la madre «ideal» que debería ser: la que se queda en casa para ocuparse de sus hijos.
>
> T. Berry Brazelton
> *À ce soir*, Stock, 1986

Pero, ¿quién cuidará del tinglado?

Un millón de críos menores de tres años por colocar ocho horas al día, cinco días a la semana. Cuatrocientas mil nodrizas y plazas de guardería. Quedan seiscientos mil que habrán de ser cuidados por abuelas, vecinas, mujeres de la limpieza, chicas *au pair* o tatas. Nos cueste lo que nos cueste, tanto en corazón como en dinero, nos vemos obligadas a apelar a manos mercenarias para que cuiden a nuestros bebés. La idea de que otros brazos, en lugar de los nuestros, los consolarán; de que otras bocas, en lugar de las nuestras, les susurrarán palabras tiernas; de que otros ojos, en lugar de los nuestros, tendrán la primicia de sus progresos no nos hace demasiada gracia.

De modo que nos consolamos. Nos decimos que todo el resto será para nosotras. El biberón de la mañana y el cuento de la noche; la poesía recitada antes del colegio, en el cuarto de baño; las discusiones sobre los grandes temas antes de acostarse («Sophie es mi amiga, Claire ya no es mi amiga, Julien es mi novio»). Y los fines de semana, en los que nos entregamos por cuatro. Mucho y casi nada. Porque dos días es poco tiempo para soldar una familia. Pero es el precio que debemos pagar por nuestra libertad.

Y además, para nosotras quedarán todos los follones. Porque, sea cual sea la forma de custodia, en primer lugar NOSOTRAS hemos de construir la estructura. Y sea cual sea la solidez de la estructura, siempre llega un momento en que se rompe: desde el niño enfermo a la tata indispuesta, desde la nodriza indigna a los maestros en huelga...

No vivamos de ilusiones, la solución milagrosa no existe. Somos nosotras quienes reinventamos el milagro. Día a día. Nuestro hermoso equilibrio pende de un simple hilo. Si se rompe, somos nosotras, y sólo nosotras, las encargadas de remendarlo. Y lo pagamos con muchas angustias... Una vez más, Super Woman carga con todo sobre sus hombros. Y la custodia de los niños no es, ni mucho menos, el peso más ligero.

La guardería, más copada que Harvard

Para los más pequeños está, en primer lugar, la guardería. Forma de custodia, ¡ay, cuán preciosa!, para padres de ingresos modestos, es también de paso obligado para los bebés de cuadros superiores e intelectuales. Los cuales, aun cuando posean medios sobrados para contratar dos tatas, prefieren que Louise o Felix emprendan desde la más tierna edad su aprendizaje de la vida en sociedad. (¡Ah! ¡Qué felicidad dejar tras sí, todas las mañanas, el encantador cuadro de treinta seres frenéticos, el suyo entre ellos, que «entablan relaciones sociales» aullando todos a una...)

Pero esto de la guardería no es tan sencillo. Primero, hay que poder entrar. Lo cual es aún más difícil que inscribir al pequeñín en la Escuela Alsaciana o, más adelante, en Harvard. Las plazas están muy, muy buscadas. Todos los medios son buenos. Inscribirse, como en la Maternidad de Saint-Vincent-de-Paul, antes de la concepción. Sobornar a la directora con juguetes y caramelos (nada de dinero, son incorruptibles). Presentarse allí todos los días, «porque me quedaba de paso», sobre todo cuando la barriga se torna cada vez más evidente. Hacerse amiga de las puericultoras, adulando a sus niños. (Porque es por todos sabido: aparte de los críos de izquierda, las guarderías las pueblan los hijos de las maestras o funcionarias a causa de los horarios. Y los de las puericultoras, quienes de ese modo son de las pocas beneficiadas con el inmenso privilegio de trabajar y a la vez educar por sí mismas a sus bebés.) En resumen, jugar fuerte. Lo cual no siempre da resultados. Porque cuando os anuncian, ocho días antes de reemprender el trabajo, que Benjamin es aún el tricentésimo tercero de la lista, no queda más remedio que buscar urgentemente un repliegue estratégico.

Lo que no está tan mal porque, en el fondo, no todo son ventajas en la guardería. Su caldo de microbios cotidiano es una trampa temible para la Super Woman, cuyo hijo coge, por principio, todas las enfermedades que rondan por ahí (además, hay que soportar la compasión irónica de las que exhiben la buena salud de los suyos, criados en el calorcito de la casa como en un capullo estéril). Y sus horarios no concuerdan exactamente con los de profesiones que, precisamente, carecen del mismo.

De modo que habrá que encontrar otro intermediario. Una chica *au pair* o una canguro que irá a recoger el niño a la guardería y lo cuidará hasta vuestra vuelta. Lo cual, desde el punto de vista financiero, empieza a resultar una carga bastante pesada. Si por ventura creíais que la guardería os permitiría ahorrar, ya podéis despediros de la idea. Un padre y una madre que trabajan y ganan un salario normal han de gastar, por lo menos, dos mil francos al mes. Sin contar el sueldo de una mujer de la limpieza, además de la canguro. Porque ésta, que es perfecta con el niño, empieza a desaparecer misteriosamente en cuanto se pronuncia la palabra ordenar.

Y, ¡bingo! Además del riesgo de la organización, tenéis la prima del cansancio, el pánico de las mañanas en que Zoe tiene 40° y el remordimiento de sacarla a cuestas todos los días y haga el tiempo que haga, con lluvia, nieve o viento...

Nodriza y tata

A la caza de la tata. La asistenta maternal diplomada, debería decir. Tampoco aquí es oro todo lo que reluce. Para empezar, hay que descubrir la perla. La que no bebe (ha sucedido a veces), no amontona a cinco chavales embrutecidos por una tele que aúlla todo el día en una minúscula garita de portera, la que no los deja dos horas completamente solos, berreando en la cama, porque se ha ido al mercado. Por último, la que no está acorazada con principios educativos que datan de los tiempos de Matusalén. No, Elise no es sucia si aún no usa el orinal a los seis meses; no, Matthieu no es «malo» si se muestra habitualmente revoltoso. No queda mucho donde elegir. Tragarse los reproches o partir dignamente con el bebé bajo el brazo. Y vuelta a empezar.

Excepto si la buena fortuna nos hace tropezar con ELLA. ¿ELLA? La indispensable, la preciosa, el sostén, el brazo derecho: la criada de la abuela púdicamente rebautizada, leyes sociales obligan, la *empleada*, la *chica* o, de forma más bonita y más tierna pues evoca una infancia feliz, la *tata*. Buena fortuna en sentido literal, porque la solución es costosa. Un verdadero lujo. Aun cuando, gracias a madame Barzach, estamos parcialmente exentas de ahora en adelante del pago de su seguridad social hasta que el niño tenga tres años. (Se supone, claro, que después de los tres años el niño puede soportar sin ningún problema días enteros en el colegio, incluidos comida y guardería, a pesar de la opinión negativa de los pediatras y del propio cuerpo docente. Y, sobre todo, volver solo a casa y cuidarse solo mientras espera que mamá vuelva...)

La Super Woman sobrevive con dificultades sin su Super Tata. Entre la dos forman una pareja de la que el hombre de la casa está excluido en parte, o incluso por completo. Salvo en el papel de árbitro, cuando se trata de contar los puntos ante cualquier diferencia, o de entrar en puntas de pie y pedir que se le limpien los zapatos o se le prepare una tarta de manzana para postre... Ahora tiene dos mujeres para llevar la casa: incluso si antes garantizaba su cuota en las labores hogareñas, a partir de ahora se deja cuidar con voluptuosidad. Es la regresión, el retorno a la Edad Media, qué digo, a la prehistoria.

Peor, de hecho, que la poligamia. (Pero si por casualidad se le ocurriera tener intenciones deshonestas con respecto a la tata, se plantearía un dilema corneliano. ¿A quién es preferible echar? ¿A un hombre infiel o a una perla ya formada?) Para justificar su pereza afirma que, con las dos por en medio, él ya no sabe dónde meterse. En realidad, se ha agarrado al primer pretexto que ha podido para dejarse ir (por fin) a su tendencia natural: la des-res-pon-sa-bi-li-za-ción.

Coexistencia pacífica

Augusta, Christelle, Edwige, Marie-Josée y compañía... Verlas aparecer por la mañana a las ocho o las nueve, cuando toda la casa está desde hace un buen rato sumida en la histeria colectiva, es como obtener un soplo de primavera en pleno invierno. Una esquinita de cielo azul en una tempestad de nieve. Nunca insistiremos lo suficiente en lo mucho que les debemos. Nadie es perfecto. Nosotras menos que ellas todavía y esto es lo que nos consume. Pero así es como las queremos. A imagen nuestra. Super-Señora-Limpiadora, haciendo malabarismos con escobas, bayetas y Javel por la mañana. Y Super Pedagoga, doble de Super Mamma, el resto del tiempo, para iniciar a los niños en los goces de los juegos y los libros educativos Pomme d'Api y de la plastilina. Porque, en nuestros días, la doble servidumbre (tata y mujer de la limpieza, el sueño dorado...) es poco frecuente por falta de medios...

Las relaciones entre ella y nosotras están lejos de ser simples. Nos ha llevado tiempo habituarnos a esta coexistencia no demasiado pacífica, a esta cohabitación más ingobernable que la política, a esta vida de dos más complicada que una vida de pareja. No fue fácil. Trocar la bendita soledad de nuestra juventud (cuando un estudio kitch bastaba para apilar libros, plantas, una radio, sueños y novios) por una vida estable en un piso con dormitorio, sala y cocina (ningún libro, menos plantas, algunos muebles, la tele, un solo novio y un montón de proyectos...), era ya una Aventura. Pero trasladar todo el lote a un piso de cuatro habitaciones, sala y cocina, todo muy cómodo, añadirle un marido, niños, gatos, perros, una cámara de vídeo, impuestos por pagar y, como guinda del pastel, un quinto inquilino que piensa, habla, cocina, ordena y educa de una forma distinta a la nuestra, requiere (en muy poco tiempo) una gimnasia mental agotadora. Que nos obsesiona más de lo conveniente.

Creíamos tener una casa y resulta que administramos una Pequeña y Mediana Empresa. Aunque tenga un solo empleado. Nosotras debemos ejercer todos los demás empleos a la vez. El de contable, al debatirnos todos los meses con las hojas de salario, los 5,3 % que se deducen no se sabe de dónde, las cotizaciones para el paro, la Seguridad Social y demás barbaridades que no nos apetece nada comprender. El de jefe de personal, al encargarnos de resolver todos sus problemas ídem, su matrimonio, sus papeles, su permiso de residencia, su píldora, su divorcio, sus historias amorosas, sus enfermedades, sus diversas y variadas penas, sin contar con la nostalgia en el caso de las extranjeras, más el aprendizaje del francés.

La Señora está servida

Pero el papel que más nos cuesta asumir es el de jefa. Sin darnos demasiada cuenta —o no demasiado de prisa—, hemos entrado definitivamente en el campo de las «Señoras». Como nuestra madre y sus amigas, cuyo lado burgués nos exasperaba tanto hace aún muy poco. Sí, nos hemos convertido en «damas» de verdad, que dan órdenes al marcharse por la mañana. Que son más bien, por otra parte, sugestiones expresadas con suavidad, con mucho «por favor»: el puré de Hadrien batido bien fino, el jarabe para la tos de Félicien, la camisa azul del Señor... Pero nos cuesta horrores integrar a nuestra vida estas nuevas costumbres, cuyo hábito requiere una energía fuera de lo común. Para imponernos, necesitamos bregar aún más que de costumbre.

Con ellas cultivamos la paradoja. Después de haber sido nosotras antiguas siervas utilizables a discreción, nos hemos apresurado, una vez rotas las cadenas, a representar de nuevo la famosa dialéctica del señor y del esclavo. ¿Machos al paredón? Las machas los sustituyen. Volvemos reventadas por la noche (como llegaban ellos hace veinte años) y gruñimos *in petto* (como gruñían ellos hace veinte años) porque hay polvo en los zócalos y ha vuelto a preparar pasta —evidentemente, cruda— para cenar, cuando no tenía nada que hacer excepto eso en todo el santo día, aparte de los niños y el resto (lo que hacíamos nosotras hace veinte años).

Pero, a fin de cuentas, nuestro machismo se mantiene en una línea más moderada. Femenina, en suma. No llega la sangre al río. Nuestras malas caras (cuando las hay) son discretas. Porque, ante ellas, a menudo somos pusilánimes.

En el mundo exterior, nada nos azora. Dirigir una plantilla de treinta personas: chupado. Echarle la bronca a un tipo cuyo trabajo es chapucero: pan comido. Pasarnos el día luchando contra el mundo entero: está tirado. Pero una vez traspasado el umbral de la casa nos convertimos en otra mujer. Nos volvemos tontainas, un poco cobardes. No nos sentimos verdaderamente cómodas con nuestras zapatillas frente a aquella que se las calza sin complejos cuando no estamos allí. Estamos desgarradas entre la necesidad de mostrar nuestra autoridad y la dimisión ante este nuevo papel que nos cuesta un poco asumir.

¿Cuál es la causa? No es necesario haber leído a Sigmund de cabo a rabo para entenderlo sobradamente. Es la vieja y sempiterna culpabilidad que siempre acaba por imponerse. Pensamos a la vez: lo que hace ella debería hacerlo yo, pero a mí no (siempre) me gusta hacerlo. Ella se ocupa, en MI lugar, de MI casa, MIS niños, MI marido, mientras yo salgo corriendo. Y carga con lo más penoso, mientras yo suelo quedarme con lo más gratificante.

De repente, el tono perentorio que utilizamos con los demás no parece adecuado para ella. Sobre todo después del fin de semana, en el que, desbordadas, agotadas, nos preguntamos soñadoramente cómo se las arregla esta perla para mantener la casa como una patena y a los niños ídem, conservando al mismo tiempo, o casi, la sonrisa. Lo cual vuelve a poner las cosas en su lugar, al menos durante dos días.

No woman's land

Querida, muy querida Augusta (Marie-Josée, Edwige...). Ocupa un lugar aparte en nuestras vidas superactivas. Es nuestro doble, nuestro clon, otra «nosotras mismas» que quisiéramos estuviera a la vez más presente y menos. Ni propiamente empleada ni verdaderamente de la familia, vive en nuestra casa sin habitar allí del todo, ocupa el lugar sin instalarse en él. Durante cinco días de cada siete y diez horas por día la casa es suya. *Su* cocina, *su* moqueta, *su* ropa blanca, *su* planchado, *sus* cristales...

Ella aprovecha mucho más que nosotras toda esta decoración puesta con tanto amor, los canapés años treinta, el sillón Memphis, el sofá Napoleón III o la mesa Le Corbusier. Ve la casa siempre limpia, como nosotras no la vimos casi nunca. Porque nosotras no tenemos tiempo de ordenar por la noche y durante el fin de semana.

Ella es el genio bueno de la casa, que da al *sweet home* el aspecto que deseamos que tenga. Sábanas bien apiladas, vajilla bien ordenada, olor de cera o de puchero que se cuece a fuego lento. El viejo fantasma de la dulzura del nido, aún más agudizado por el sentimiento de culpa que nos produce no estar allí (se diga lo se diga, siempre se vuelve a ello...).

Pero el suplemento espiritual, los detalles refinados (la vela perfumada sobre la mesa, la garrafa de cristal, las flores, etcétera), de los que no podríamos prescindir, los reservamos para nosotras y luchamos sin tregua para preservarlos.

Además, cuando ella está allí, ya no nos sentimos en «nuestra» casa. Ni tampoco en «su» casa. La casa se convierte en un *no woman's land*. Es una ONU permanente. El equilibrio de la supervivencia. Hay que renegociar sin interrupción el territorio propio y sus prerrogativas. Ceder en algunos detalles para recuperar la ventaja como quien no quiere la cosa.

¿Acaso ella prefiere colocar el jarrón azul sobre la chimenea, mientras que vosotras os obstináis en volverlo a poner todos los días sobre el aparador? Que no cunda el pánico. O bien aceptáis, pero os mantenéis inflexibles sobre la manera de secar los jerseys o de ordenar vuestra biblioteca. O bien os salís con la vuestra, pero tendréis que ceder por otro lado. Aceptar su forma de doblar las servilletas y su día de pasar el aspirador. Lo mismo sucede con la tele (ella la enciende, nosotras la apagamos), la radio (ella escucha NRJ, vosotras preferís Europe 1), etcétera. ¿Relajante? No precisamente. Nos obliga a llevar una verdadera estrategia de guerra larvada. A su lado, Clausewitz es un soldado raso. De acuerdo con que sea nuestra ordenanza, pero tampoco se trata de que nosotras, las generalas, abandonemos por completo en sus manos el campo de batalla.

Entendámonos. No es que ella haga funcionar por sí sola el tinglado. Somos nosotras quienes, luchando con nuestros débiles puños, hemos construido la estructura. Gracias a nosotras, y sólo a nosotras, la casa aguanta contra viento y marea. Los menús de los niños, el aprovisionamiento de la nevera (aunque sea a través de Minitel), los leotardos de Maud que hay que reemplazar, el gorro de Hyacinthe que hay que comprar, el zapatero y la tintorería, el fontanero y el pediatra, las reuniones en el colegio y la inscripción en judo, las salidas en tren para las clases en la nieve durante el invierno, la Seguridad Social y el dentífrico: nos tocan a nosotras, nosotras, nosotras y otra vez nosotras.

Una pareja estable

Como en la época de las cavernas, nosotras cazamos y ella cuida del hogar. Sabe cosas que nosotras ni siquiera queremos plantearnos aprender, limpiar con un abrasivo una cacerola quemada, planchar una camisa sin dejar una arruga. Todos estos remedios caseros que nos hemos negado a heredar, en bloque (excepto la cocina, que sigue siendo NUESTRO terreno, como lo es para algunos hombres que no saben hacer nada más de la casa). Como contrapartida, aportamos la técnica, la innovación: congelados, microondas, repartos a domicilio, lavavajillas, secadora, etcétera.

Hemos de admitirlo de una vez por todas. Augusta y nosotras, al cabo de algunos meses de vida en común, formamos ya una pareja estable. Unida para lo mejor y, con mayor frecuencia, para lo peor. Uno de estos rancios matrimonios llenos de viejas costumbres, de tics y de guiños mutuos. Lo cual, por otra parte, produce sabrosos diálogos. ELLA: «Tiene que limpiarme mis hornillos cuando haga la cocina, si no, luego no hay quien los deje bien». NOSOTRAS: «No he tenido tiempo, si supiera TODO lo que he hecho este fin de semana... A propósito, ¿se ha acordado del botón de la blusa de Joséphine?».

Si seguimos juntas, en el fondo, es por los niños... NUESTROS niños. La verdadera razón de su presencia en casa, con dedicación exclusiva. Con ellos, queremos que sea tierna, cariñosa, reconfortante (a la vez que nos sentimos discretamente triunfantes cuando ellos prefieren estar en nuestros brazos). Queremos que la llamen *nanny*, tata, *nounou*, que ella los consuele, les riña, distribuya esparadrapo y pescozones, en resumidas cuentas, que los eduque. Pero según NUESTROS principios.

Por supuesto, los pequeños monstruos se lo pasan en grande. Nuestro duelo —en sordina— les encanta. Poco falta para que, si se les plantea la típica y estúpida pregunta «¿A quién quieres más, a papá o a mamá?», contesten «a Augusta», sólo para hacernos rabiar.

Toleramos muy mal (aunque nos callemos) que Léonard dé sus primeros pasos delante de ella, que Lambert se acabe su lenguado sin rechistar, mientras cuando se lo damos nosotras lo escupe metódicamente. O que ella nos diga cuando Camille se revuelca por el suelo con muchos alaridos: «Qué raro, conmigo nunca se porta así». Felices padres: no saben qué suerte tienen de no ser el rival directo de una tata que *siempre* es perfecta. (Como la SW de su jefa...)

El sarampión de Augusta

Sus cualidades nunca saltan tanto a la vista como cuando está enferma. Cuando un domingo a las nueve de la noche llega el sonido del teléfono a turbar la paz familiar y una voz enronquecida os anuncia que tiene 40° de fiebre y unos granos gordísimos que le pican horriblemente (no podemos decir nada, ha sido Hugo quien le ha contagiado el sarampión), el mundo entero se viene abajo. Os falta un solo ser y todo parece despoblado. Es en estos momentos cuando la Super Woman se da cuenta, con tristeza, de cuán inmensa es su soledad. ¿Y el Nuevo Padre? Hace mucho tiempo que se salió por la tangente. «Lo entiendes, cariño, tengo tres citas que me es imposible aplazar. Intentaré volver temprano. Ah, no, imposible, tengo a Lemercier a las siete. Hace ya un mes que debíamos habernos visto. Bueno, un abrazo. Ánimo. Ya nos llamaremos.» Es inútil comunicarle al punto que hace dos meses estáis esperando a vuestro propio Lemercier. Ya se ha largado, no muy orgulloso, pero sí muy rápido.

¿Y la abuela? Trabaja (ver más arriba). ¿Y las tiitas, las vecinitas, las primitas? ¿Conocéis alguna, vosotras, así, de improviso? ¿Y Baby-Service o cualquier otro tipo de Mamás-Cool? Es una solución realmente afortunada. De fortuna. El contador corre tan de prisa que en un día de custodia suya se os va una semana de la paga de Augusta.

Ya estáis en el fondo del horror absoluto.

Hasta la centésima llamada desesperada, en la que se perfila una lucecita de esperanza en este túnel tan sombrío. La amiga de la tata de vuestra amiga Linda está precisamente en el paro y acepta, en su inmensa bondad, venir algunos días sólo para sacaros del apuro.

Llega, por supuesto, a las nueve menos dos minutos (tenéis la primera cita un cuarto de hora después), una pava, medio retrasada, que si en alguna vida anterior cuidó niños, sólo conserva de ellos, sin duda alguna, un muy vago recuerdo. Os ponéis a temblar ante la idea de arrojar al inocente Charles-Édouard en sus brazos. La otra versión sería una desabrida marimacho que en cuanto echa una ojeada a la casa la encuentra demasiado desordenada para su gusto y no se priva de decíroslo: «Dígame dónde está mi bata, Señora».

Tanto en un caso como en el otro, son seis meses de vida en común con Augusta, de costumbres, de manías, aniquilados de golpe y porrazo. Ella se había acostumbrado a vuestros defectos. Vosotras aceptabais a los suyos. La queríais con un amor agradecido y habíais admitido, por fin, que sin ella ya no podríais vivir. Y aquí está la intrusa, la nueva, a quien hay que volver a explicárselo todo en diez minutos de reloj. Todo. Los pañales y la lejía, el aspirador y los congelados, la dirección del colegio y el jarabe del bebé. Su forma de asentir con la cabeza os hace presagiar lo peor. Por un instante os tienta la idea de quedaros. Pero no, es imposible. Ya habéis dejado escapar la mitad de la primera cita, no se puede abusar...

Cuando dejáis atrás la puerta, con los aullidos de Charles- Édouard como música de fondo, aunque sepáis por experiencia que se calmará, sentís el estómago hecho un nudo marinero. Sólo deseáis una cosa: que llegue ya la noche. Desde luego, telefoneáis a cada hora, con cualquier pretexto, para verificar que los querubines siguen vivos. (Sólo la falta de tiempo y un arranque de orgullo os impiden telefonear cada diez minutos.) Vuestra imaginación enumera sin piedad todas las catástrofes posibles: SE ha olvidado a la niña en el colegio, la ha ahogado en la bañera, el niño se ha caído, se ha quemado, ELLA se ha marchado y LOS ha dejado solos... El no va más...

Al fin volvéis, antes de la hora prevista (con el corazón hecho papilla, habéis despachado aprisa y corriendo las últimas citas). Y sí, la casa está aún más sucia de lo quc anunciaban vuestros más negros presentimientos. Sí, Charles-Édouard lleva el pijama de Marie-Sophie, que ha «olvidado» su cazadora en el colegio (con —10º). Sí, sus manos están negruzcas, sus cabellos sin lavar y han comido pasta «mejor crudas que las de Augusta» anuncian los desagradecidos. Y Noemí, de dieciocho meses, ha sido alimentada a base de leche exclusivamente durante el día, cuando vosotras habíais preparado su puré con todo cariño esa misma mañana, de madrugada. Pero han sobrevivido. Están enteros. Sin secuelas aparentes. Y, milagro, Augusta vuelve mañana. Su «sarampión» era sólo una falsa alarma.

A la caza de la perla

Bienaventurada cuando la gripe no esconde algo más grave, una ausencia de diez días, quince días, un mes... O, más aún, una enfermedad muy oportuna que puede conducir a lo peor de lo peor: su marcha.

Se va. Vuelve a casa de su madre o se casa. Os habéis matado durante un año para enseñarle la cocción de la pasta (que al final hacía *al dente*, mejor que vosotras mismas), la colocación del «constructor» en el cajón de arriba y todos los demás detalles indispensables para la buena marcha de una familia numerosa. Durante meses, habéis luchado para conseguirle su permiso de residencia, paseándoos de comisarías en embajadas, multiplicando las comidas con los amigos funcionarios bien situados. Y ahora resulta que se larga. Sin sombra de remordimiento. O casi. «Señora, le aseguro que voy a echar de menos a los niños.» ¿Y vosotras qué? ¿Acaso no vais a echarla de menos?

Y vuelta a empezar, urgentemente, la caza de la perla, este animal tan mítico como el dahu* o el monstruo del Loch-Ness. Es el momento de los anuncios, las tarjetas de visita dejadas a la panadera, los largos conciliábulos con amigos y colegas para informarse de la cotización de la normanda (excelente), la filipina (en alza) y la marroquí (buena cocinera). Muy apreciado: el niñero, preferentemente de Sri Lanka, que sin comerlo ni beberlo, riza el rizo del matriarcado. El hombre de armas tomar mantiene la caverna y los niños limpios mientras la jefa sale a cazar.

Cuando los niños crezcan, siempre se podrá optar por otra solución, la mezcla de la mujer de la limpieza por la mañana, más chica *au pair* por la tarde. Con la primera, el diálogo quedará reducido a su mínima expresión. Llega cuando hace mucho que os habéis marchado y deja la casa (bastante más limpia de lo que la encontró al entrar) antes de vuestra vuelta. En general, os comunicáis por teléfono para las órdenes urgentes, pero vuestro medio de comunicación predilecto siguen siendo las notas. A la larga, estas «cartitas de amor» se hacen cada

* Dahu: juego tradicional en Francia, engañabobos. Consiste en salir al monte a la caza del «dahu», un animal que tiene una pata más corta que la otra y que, por tanto, baja la montaña dándole la vuelta en lugar de en línea recta para no caerse y llega siempre por el mismo sitio. Abajo del monte se sitúa a un niño con una vela (es de noche) y un saco, preparado para coger al dahu. Todos los demás se adentran en el bosque con palos y golpean los árboles para hacer salir al animal. Todos, excepto el niño del saco, saben que el dahu no existe. El pobre niño se queda solo, esperando, hasta que el grupo decide terminar la broma. Por supuesto, sobre el aspecto y cualidades del dahu se puede disertar durante horas. *(N. de las T.)*

vez más sucintas: «María, ordenar vajilla, cambiar el agua a las flores y las sábanas, lavar ensalada, verduras, caja del gato». Respuesta breve, pero elocuente: «25 horas a 35 F = 875 F gracias, feliz fin de semana».

En cuanto a la segunda, maravilla a menudo importada de los países nórdicos, está en plena expansión entre nosotros. Por una habitación en el ático y un poco de dinero de bolsillo, olvidará a Elsa durante quince meses en el agua fría de la bañera, transformará vuestro teléfono en centralita para Estocolmo, os robará vuestros zapatos para ir al Palace y se levantará a la una de la tarde porque habrá bailado toda la noche. Para postre, os explicará con una pizca de suficiencia que en Suecia no se educa así a los niños. Todo esto en un francés bastante vacilante cuyas faltas os sentiréis obligadas a corregir durante las comidas (que toma con vosotros, en familia), ya que la pobrecilla está aquí para aprender.

El vals de las tatas y demás formas de custodia empieza. No habéis acabado aún con vuestros *pas de deux*. Os resta un flaco consuelo, sólo os queda una veintena de años como máximo hasta que el benjamín acabe su bachillerato para poder prescindir de ayudantes de cualquier calaña. Sólo entonces, por fin, podréis respirar.

Si aún os queda aliento.

VII

Week-end at home

> Para las familias que trabajan es importante compartir ocupaciones durante el fin de semana: ir a la iglesia, a casa de la abuela, al cine, de compras, todo esto serán más adelante agradables recuerdos.
>
> T. BERRY BRAZELTON
> *À ce soir*, Stock, 1986

Un dulce sueño

Clapar. Roncar. Estar como un tronco. Como un lirón. Dormiiir. Una mañana para levantarse tarde, para emperezarse, sólo una vez a la semana. Una mañanita, sólo una. Dos horas extras, nada más. O bien una siesta. No muy larga, no, pero profunda. En un abrir y cerrar de ojos, hundirse suave, lentamente bajo el edredón, como si se ahogara uno en un óceano de plumas. Lo justo para olvidar todo lo que se acaba de hacer y todo lo que todavía nos queda por delante.

A vista de pájaro, contemplado desde mediados de la semana, el fin de semana es una palabra mágica para una Super Woman. Un espejismo. Un oasis. En el metro siempre abarrotado, en los embotellamientos del cinturón o por la mañana temprano cuando el despertar se prevé difícil, se imagina una con voluptuosidad dos días de ensueño, como los que se inventan tan bien en las revistas. El desayuno copioso del sábado, «para atacar el día con buen pie»: croissants o pan integral, miel, huevos pasados por agua y zumo de naranja servido, como en un hotel, en la cama, sobre una bandeja de plata. A continuación vienen el largo baño con espuma que relaja, las cremas de belleza que se extiende una durante horas, disfrutando. Después deambular por el Marché aux Puces para dar con este delicioso escritorio-que-quedaría-tan-bien-en-la-habitación. O el paseo por las orillas del Sena para completar la colección de viejas novelas policíacas. O si no la exposición «Nuevas Tendencias» de Beuabourg. La sesión de cine a las seis, antes de que llegue la multitud de la noche. La cena-TV ante un antiguo *western* alquilado para la ocasión. Levantarse tarde el domingo o efectuar la salida obligatoria al bosque para respirar un poco de aire fresco.

Nostalgia, nostalgia... Este programa idílico era posible antes, hace lustros, cuando sólo teníamos que ocuparnos de nosotras mismas y el gato (más algunos novios). Hoy los tiempos han cambiado mucho. Nosotras también. Y el fin de semana de ensueño tiende a convertirse en la realidad en una pesadilla. Desde la madrugada del sábado, la Super Woman, en chándal y bambas, está lista para afrontar dos días de decatlón.

Sin embargo, por una vez nos gustaría que las cosas transcurrieran con calma. Relax. Sin *stress* y sin *sprint*. Distraerse a la vez como si se fuera soltera, aprovechar al compañero en plan de enamorados, recuperar en cuarenta y ocho horas estos días pasados lejos de los niños (que nos lo hacen pagar), ir al cine (si conseguimos echarle el guante a una canguro) y seguir siendo a pesar de todo un ente social, entablando esta famosa partida de Trivial Pursuit con los amigos o invitándonos, con la boca en forma de corazoncito, a comer los cinco en casa de los padres.

¿Descanso? ¿Quién dijo descanso?

Pero la calma existe en vuestra imaginación. Y si reina, es sólo el preludio de la tempestad. Navegamos con todas las velas desplegadas a pesar de nuestra intensa necesidad de echar el ancla. No tenemos elección. El fin de semana es el único momento en que podemos por fin coger de nuevo el timón de la casa. Convertirnos otra vez en propietarias, las únicas dueñas a bordo de nuestro *Fortuna*.

Desde luego, no vamos a dejar pasar esta oportunidad dorada de volver a interpretar el papel de amas de casa satisfechas. E histéricas, desde las ocho de la mañana del sábado hasta las once de la noche del domingo. Porque terminamos molidas, arrastrándonos, más cansadas después de dos días de «descanso» que después de cinco de trabajo. Más fuera de servicio que una mala pelota fallada por Noah. Más hechas picadillo que la costilla de cordero del bebé pasada por el Minipimer. Que llegue pronto el lunes, para respirar por fin en el despacho. Porque a los muy legítimos deseos familiares y sociales, hay que añadir también las tareas puramente domésticas: el mercado, la cocina, las tres o cuatro compras in-dis-pen-sa-bles y a-pa-sio-nan-tes (reemplazar la tapa de los WC). Más el aspirador, que hay que pasar por los *rincones*, las cortinas nuevas que hay que poner (rondan por el fondo del armario desde hace seis meses) o los tres cuadros que hay que colgar. Por último, empezar los arreglos de fondo, esos que la Super Tata no tiene tiempo de emprender (y que nosotras adoramos: ¡ah, la voluptuosidad de guardar la ropa de invierno y sacar la de verano, que nos queda demasiado ceñida!).

Más el trabajo personal, tesis, novela, balance, que nuestras sesenta horas semanales no nos ha permitido concluir, los libros por empezar, los periódicos por hojear si queremos seguir conectadas a la actualidad (*Libération*, por supuesto, *Le Monde*, por fuerza, más las revistas femeninas, una verdadera mina para levantar la moral ante la perspectiva de todo lo que nos queda por comprar para completar nuestro guardarropa de verano), los catálogos de La Redoute y Les Trois Suïsses, a los que hemos de echar prioritariamente un vistazo (tres horas como mínimo), los diversos telefonazos personales que hemos de hacer (¿Sí, Sophie?, ¿Sí, Linda? ¿Sí, Isabelle?), las videocassettes que se amontonan y que hemos jurado miraríamos (un día...). En resumen, acumular, es nuestra —odiosa— costumbre.

¿Y si no hay niños? No pasa nada. Seguro que además de todo el resto hay algún congresillo muy bueno que nos absorberá la energía durante dos días, para que lleguemos hechas polvo el lunes al trabajo. O unos clientes coreanos a quienes hay que pasear, para matar dos pájaros de un tiro. Fastidiarnos la velada del sábado porque estamos cansadas y nos aburrimos a muerte y porque, para colmo, hemos reñido con nuestro amigo. No es difícil encontrar mil y una ocupaciones que harán este sacrosanto fin de semana tan matador como dos días partiendo piedras en el fondo de un presidio de Cayena...

Allon'z'enfants

...¿Y con niños? Presidio es un término benigno. Porque, para acabarlo de arreglar, nos encontramos con un enorme handicap, la Super Tata no está allí para ayudarnos. Es justo que ella, *por lo menos,* descanse. (Algunas llevan el crimen hasta el extremo de contratar una tata para el fin de semana. Lo cual es desastroso para el sentimiento de culpa maternal, ya muy maltratado. Pero excelente para el rorró atrasado. Otras más timoratas o más temerarias transigen el sábado por la mañana, por aquello de la mañana en cama hasta las once, siempre en suspenso...)

De hecho, acariciamos este sueño, sobre todo, cuando tenemos niños pequeños o bebés con el típico estribillo «Noches en claro por una angina roja» o «Reclaman el biberón de las seis cuarenta y cinco», sueño, por desgracia, bien despierto: encontrar un momento para rellenar (un poco) el pozo sin fondo de las horas de descanso que nos faltan. Un sueñecito, en una palabra. No pedimos más. Pero la esperanza de conseguir nuestros objetivos algún fin de semana no puede ser más escasa.

De acuerdo, nuestro Nuevo Hombre adorado está disponible, en principio, para descargarnos una pizca. Pero entre el sacrosanto tenis del sábado por la mañana, el partido de rugby en el parque por la tarde, la reparación del coche, el aislamiento de las ventanas del dormitorio o colocar los estantes del cuarto de baño (hace ya un mes que le damos la lata para que lo haga), sin contar con la lectura de *Le Monde*, y el suplemento de TV, no le queda mucho tiempo disponible para ayudarnos como *debería*. (Si tiene que ir al mercado, se pondrá en camino justo a la hora en que los comerciantes cierren o los amigos se descuelguen para comer.) Y como acaba de trabajar toda una semana, el pobre tesoro está *verdaderamente* hecho polvo.

Sin embargo, seamos justas. A veces llega a ocuparse de *sus* niños. Acepta dar la papilla de las cuatro, reparar un par de patines o llevar a Lola al cine para ver la última de Disney. Cuando hace buen tiempo se lo encuentra en el parque, empujando con paso ágil el cochecito (con poco esfuerzo, se tira un buen farol ante las madres y las chicas *au pair* a las que, por otra parte, provoca descaradamente al incitar con toda frialdad al inocente Victor a que robe la pelota de la niñita de cabello ensortijado, esa que tiene una mamá tan mona). O cubriendo en una hora de reloj la carrera de obstáculos: guiñol, tiovivo, columpios, patos, bici, fútbol, etcétera. Y así, en un santiamén, consigue hacer de los monstruitos unos fans incondicionales.

Porque ha tomado, de una vez por todas, una prudente postura conciliadora para evitar los gritos y las discusiones inútiles. Por tanto, a él le tocan el «constructor», el castillo de cubos, jugar a la pelota o a hacer familias, el partido de fútbol mirado «entre hombres» o los tebeos devorados en buena armonía.

Y a nosotras nos tocan también, por supuesto, los libros ilustrados, las risas locas, el baño entre salpicaduras, la cacerola de chocolate desecho para el pastel, lamida por dos boquitas golosas, el vestir y desvestir muñecas, el «dibújame una casa» o «ponme el disco de Dorothée», los besos, los mimos, los progresos, pregonados por Augusta y que al fin constatamos con nuestros propios ojos. Es verdad que Jérémy dice «mamá» (uf, hacía ya dos meses que decía «papá»), que Léa sabe escribir su nombre casi sin ayuda, que Angélique se abrocha sola el pantalón. Si nos deshacemos en estos momentos únicos es a causa de la emoción. Felizmente. Porque son ellos los que crean el encanto de estos dos días, vividos al ritmo de nuestros queridos angelitos.

Madre «Coco»...

Es extraño, pero desde el momento en que las cosas se estropean, el Nuevo Padre se desvanece por el foro. Con talento, hay que reconocerlo. Compartir en un clima de buen humor los juegos, la alegría, los empujones, está bien, pero cuando hay que levantar el tono, la comunicación se interrumpe. Pasa a engrosar la fila de los abonados ausentes. El padre severo carece de continuidad. Nos toca a nosotras, Madres Coco, tomar el relevo de «ordena tu habitación», «cómete la sopa», «lávate los dientes». Y somos nosotras las que cosechamos aullidos y protestas. A nuestro pesar.

Porque estos dos días no tenemos ganas de ser aguafiestas. Preferiríamos de lejos mimar, dar gusto, aprovechar su presencia con una sonrisa. Pero la madre ejemplar que dormita en cada una de nosotras se impone en seguida. Después de todo, la educación no vamos a dejársela a los demás. Más aún cuando descubrimos con estupefacción que los niños modelo de toda la semana con Augusta, esos de los que su maestra canta alabanzas, de los que sus abuelos se hacen lenguas, son en realidad la piel de Judas. Con nosotras. Ni se les pasa por la cabeza dejarnos un momento de tranquilidad.

Durante el fin de semana somos su *cosa*, maleables a más no poder. Nos hacen pagar por centuplicado la saturación de buena conducta de los cinco días anteriores. Expresándose preferentemente mediante gritos y alborotos, en el límite extremo de los decibelios soportables. Lo que siempre da lugar a batallas campales, cuyo desarrollo es poco más o menos igual. Primer cuadro, todos a escena. Un «a la cama», pronunciado con una voz —que quiere ser— autoritaria, frente a noventa y nueve centímetros de insolencia. Segundo cuadro, las amenazas. Un clásico «Te estás ganando una zurra», al que el pequeño monstruo responde con un no menos estándar «Y a mí qué». Tercer cuadro, las represalias anunciadas y los alaridos redoblados del pequeño mártir (menos mal que los vecinos pasan de todo) que, entre dos sollozos, encuentra fuerzas para burlarse de nosotras. «Ni siquiera me has hecho daño.» Fin del primer acto, nos precipitamos con el corazón palpitante sobre el último libro de Dolto, para hundir aún más el cuchillo de la culpabilidad en la llaga. Comentario de los espectadores, desde la abuela, que no deja pasar una: «Su actitud es normal, los pobrecillos te echan demasiado de menos el resto del tiempo», a la variante del abuelo: «No sabe arreglárselas con ellos. La autoridad se pierde». Es increíble comprobar en qué notables pedagogos se han convertido los abuelos desde que ya no tienen niños que educar.

A la porra con la Madre Coco. Cuando sólo nos apetece una cosa, la paz, sólo tenemos un deseo, la visión idílica de una familia unida, armoniosa, compartiendo tanto el pan en torno a la mesa familiar, como las mismas (sanas) ocupaciones en el exterior... El paseo por el bosque del domingo, el té en casa de la tía abuela Simone, la visita en familia la museo d'Orsay...

...y controladora aérea...

Pero también esto es sólo un hermoso sueño. Sobre todo con los mayores. Porque cuando por fin dejan atrás la horrorosa época de los caprichos son menos cansadores, desde luego, pero no por ello disminuyen sus exigencias. Ahora tienen edad de hacer su vida sin nosotras. En el exterior. A condición de que les sirvamos como taxistas. Ya no somos las tejedoras sino las controladoras. Aéreas. A nuestro lado, los empleados de la torre de control de Roissy no tienen nada que hacer.

Aparte de sus castigos escolares, la redacción de Florent (Tema: «¿Habéis sentido vergüenza alguna vez? Contadlo») o la exposición oral de Loïc («Pero, mamá, me habías prometido que me hablarías de la Bolsa.» «Luego, pregúntale a tu padre.» «No tiene ni idea.»), más los inevitables anexos, zapatero o citas con el dentista, hemos de organizarles un número casi incalculable de actividades culturales y sociales.

Cursos de baile, clases de piano, cumpleaños de la mejor amiga, último Spielberg, tenis, museos, comida en Mac Donalds... Vamos de un sitio a otro con un ojo siempre fijo en la esfera del reloj. Porque nuestros querubines tienen su autonomía. Sus amigos. Sus aficiones, cuya lista hemos procurado alargar a medida que pasaban los años para que se desarrollaran mejor (nos está bien empleado...). La idea monstruosoa de que puedan estar más de cinco minutos solos sin nada asombroso que hacer, apenas se nos pasa por la cabeza.

Los hemos estimulado lo suficiente a tocar el violín o a convertirse en cinturones negros de judo como para cosechar al fin los frutos de nuestra paciencia. Muriel —primera de su clase, por otra parte— no sólo es la mejor en gimnasia, sino que todos los sábados y a menudo los domingos nos chupamos la ida y vuelta París-Juvisy, Les Ullis o Eury, donde se desarrollan los campeonatos infantiles para la copa de las «gacelas aéreas». Evidentemente, estamos orgullosísimas de ella. Pero no hay ni que pensar en dejar escapar una sola competición, ni siquiera en caso de fuerza mayor, so pena de quedar como unas madres desnaturalizadas.

Mientras tanto, Elise va a su clase de flauta («Progresa», dice el profe, «incluso está muy bien dotada»), y, desde luego, no os veis con ánimos de privar a la querida pequeña de una clase a doscientos francos la media hora, aunque los horarios estén muy lejos de facilitaros la tarea... A las nueve de la mañana del domingo, en la otra punta de la ciudad. Imposible cambiar de profesor. Tras una encuesta exhaustiva, sólo habéis encontrado a *éste*, el *mejor* (y el más caro) de su categoría.

Por suerte Raphaël, el benjamín, que acaba de debutar brillantemente en el fútbol, todavía no tiene edad para los guateques, pero, a los seis años, entra aún de lleno en el circuito de los cumpleaños. Desde que tiene tres, un sábado de cada dos, regularmente, lo lleváis a uno. Es increíble la cantidad de amigos y amigas que puede llegar a tener que envejecen todos los años... Y no hablemos ya de los regalos... En todo caso, sus fiestas os dejan dos horitas de respiro. Que aprovecháis inmediatamente para acompañar a sus hermanas a casa de sus amigas, que viven en el extremo opuesto de la ciudad.

Entre la ida y la vuelta y, luego, empezar otra vez en sentido inverso, se os ha pasado la tarde entera.

Feliz (?) cumpleaños, cariño

¿Cuestión de mala suerte? Peor es cuando os llega el turno del latazo de los cumpleaños, que tiene lugar obligatoriamente una vez al año (multiplicad por el número de niños y obtendréis el número de sábados infernales). Porque para vosotras el *happy birthday* no puede tomarse en broma. Científicas, metódicas y precisas, no dejáis nada al azar.

El día D no falta ni una serpentina ni un *confetti* ni una guirnalda, comprados a precio de oro en las jugueterías de buen tono, especialmente creadas para las Super Mammas de vuestra clase. Ésas de las que se sale arruinada con una bolsa de papel muy bonita donde pone «Piruletas y pirulís» o «Garrapiñadas y caramelitos» —en letra redonda, de estilo antiguo—, llena de serpentinas, servilletas Mickey, engañabobos y juguetitos inútiles, destinados a divertir a unos monstruos hastiados que ni siquiera los van a mirar.

Con regocijo, porque no sois enteramente masocas, lo organizáis todo solas y hasta os divertís haciéndolo. La pesca del tesoro, la carrera de sacos, la sesión de maquillaje (cuyas huellas indelebles encontraréis al final en la moqueta). Y está previsto pasar un Walt Disney en el vídeo en caso de que quedaran cinco segundos de tiempo muerto. Sobre la mesa, decorada con muchos Mickeys o Goldoraks, está la merienda que habéis preparado, que saciaría al mismo Gargantúa (y que va a sobrar entera). Brioches pequeñitos, minibollos de chocolate, panecillos untados con Nocilla, zumo de naranja, Coca Cola sin cafeína, *smarties*, ositos de goma, un montón de esos inmundos caramelos demasiado azucarados que normalmente os esforzáis en prohibirles y que hoy casi les obligáis a comer, tan grande es vuestro deseo de que la fiesta sea perfecta. Y, por supuesto, EL pastel de chocolate, bien blando, bien pegajoso, bien aplastable, que dejará un recuerdo imperecedero en el canapé gris claro del salón.

Los quince primeros minutos todo va como una seda. Los niños son encantadores, sus padres se han marchado ya para llevar al resto de sus respectivas tribus a distinto sitios. Y de pronto, sin que se sepa muy bien por qué, el horror toma posesión de la casa. El fin del mundo. A pesar de la canguro, reclutada como refuerzo, no podéis controlar nada. Ni a vuestro hijo, que se niega a prestar sus juguetes. Ni a los dos monstruos que se pelean sobre las literas (preferentemente sobre la de arriba). Ni los sollozos del pequeño Kevin, que hipa reclamando a su papá. Ni a la rubita que acaba de vomitar en la alfombra de vuestro dormitorio.

El Nuevo Padre, que al principio no estaba demasiado entusiasmado con la fiestecita, tiene también dificultades para hacerle frente. Y, a pesar de vuestras exhortaciones, acaba por refugiarse en SU dormitorio (ese que huele a vomitona) para ver fútbol.

Toda la tarde se desarrolla así, como una película de terror pasada en cámara rápida. Con algunas escenas encantadoras de vez en cuando. Vuestro ratoncito soplando sus seis velas entre un torpe coro de «Cumpleaños feliz, Raphaël». Y la rubita acurrucada en vuestros brazos, de por vida al parecer, que os cuchichea que le gustaría que fuerais su mamá. Cuando el último crío traspasa la puerta y se vuelve para dar un último adiós a base de «Mierda-caca-culo», os juráis que nunca más... Hasta el año próximo por lo menos.

Gracias al cielo, se han inventado pequeñas sociedades especializadas en las meriendas de niños, cuyos miembros, encantadores por lo demás, pero más *business-business* que verdaderamente eficaces, os hacen pagar a un precio considerable (alrededor de 1.000 francos por media tarde) lo que en el colegio les enseñan gratis el resto de la semana: cantos, juegos, cuentecitos, dibujos, disfraces y guiñol...

Hacia los diez años (¡ya!, cómo pasa el tiempo...), empieza otra etapa (de placer). El guateque. Casi como los de vuestra adolescencia (pero vosotras teníais dieciséis años la primera vez que papá os dejó asistir a uno). Con cortinas corridas, luces tamizadas y *su* Hit Parade que masacra *vuestro* plato, en el que vosotras ponéis con tanto amor a vuestros viejos Stones (pues sí, Mick Jagger tiene cuarenta tacos) y vuestros Billy Joël.

Ese día descubrís con horror que la pequeña Camille, vuestro bebé, a la que apenas habéis visto crecer, tiene un «novio». ¿Qué diablos puede hacer con ese presumidillo («Es el primero en mates», anuncia con orgullo vuestra hija), aparte de intercambiar las fotos de los bomboncitos que salen en la revista *OK*? Os guardáis muy bien de preguntárselo. Además, odiáis a la madre. La verdad es que no tiene clase. En todo caso, no es de vuestro estilo. De golpe y porrazo, os han echado encima quince años.

Y esto no es más que el comienzo. Porque a medida que se hacen, según ellos, autónomos, vuestra inquietud va en aumento. ¿Cuál es la edad idónea para que Clémence empiece con la píldora, los doce o los trece? ¿Cómo reaccionar si Édouard quiere teñir su mechón iroqués de verde? Y el amigo de Paul, ese de la cola y los doce aros en la oreja derecha, ¿será una compañía verdaderamente recomendable? Sin contar con las noches del sábado al domingo pasadas en claro, tan largas como cuando eran bebés, al acecho del menor zumbido del mobiliario que signifique que han vuelto al redil sanos y salvos.

Hola, mamá, ñam ñam

En el fondo, ¿cómo sobreviviríamos los fines de semana sin nuestros angelitos? Nos aburriríamos mucho. Después de todo, sean o no insoportables, activos o sedentarios, estamos aquí abajo únicamente para ocuparnos de ellos. Divertirlos, está bien. Educarlos, tiene pase. Pero también hay que alimentarlos. Darles en dos días el buen paladar recuperado de la cocina maternal. Ese que no se olvida y que hace escribir obras de arte a partir de una simple magdalena. Ese que envenenará la vida de vuestra futura nuera cuando vuestro pequeño Florent, ya crecidito, le espete: «Tus endivias con jamón son buenas, pero no tanto como las que nos preparaba mamá».

Las más valientes (o las más chifladas) siguen con su loco impulso y abandonan las papillas preparadas que les han dado sin vacilar el resto de la semana. Se dedican a preparar cuidadosamente para sus bebés (por regla general, indiferentes) recetas exquisitas inventadas por pretenciosos *chefs* que lo ignoran todo sobre el apetito de un niño. Estos libros de cocina con mucha clase y atractivos títulos *(Mi pequeñín será un fino gourmet)* reinan en todas las buenas cocinas. Y nos explican de pe a pa que no sabemos alimentar a nuestros niños, quienes, por culpa nuestra, corren el riesgo de la obesidad a los tres años, el infarto a los cinco y, lo que es mucho más grave, el gusto estropeado para siempre. Y vamos allá con los «Dos salmones con tres purés, de espinacas frescas, de pepino y de apio». ¿Y por qué no el «Flan de berenjena con salsa de tomates vaciados»? Como si los pequeños monstruos no fueran a escupir igual de rotundamente las buenas verduras destinadas a refinarles el paladar para reclamar a gritos pastas, patatas fritas, *catchup* y jamón.

Otras sofistican la dificultad. Como aquellas que cocinan a brazo partido, *blanquettes*, pollos, etcétera, para congelarlos, «porque a los angelitos sólo les gusta la cocina de mamá» (se sobreentiende que están hasta la coronilla de la del colegio y de la de Augusta). También están las que establecen, grano de maíz más o menos, todos los menús de la semana: «martes y viernes, pescado; lunes y jueves, carne; noche, sopa de verduras, huevos pasados por agua...», y evitan escrupulosamente los errores dietéticos.

Todo esto, desde luego, con el fin más o menos confesado de estar presente en la mesa, incluso cuando no se está... El complejo evidente de la madre hogareña. En resumen, mucha tela que cortar para todas las que creen que no siempre hacen lo suficiente. E incluso las más perezosas o las menos dotadas se esfuerzan por acostumbrar a los pequeños a las cosas de calidad, y compran en la charcutería de la esquina jamón canario, pasteles de carne tiernos y platos cocinados a la antigua...

Cocina a la antigua....

Porque una de las obligaciones del fin de semana es aún la buena cocina y el arte de la buena mesa. Que comienzan con el paso obligado por el mercado. No la compra en el hipermercado, prosaico, que en el peor de los casos se hace de prisa y corriendo por la noche en Carrefour, y en el mejor se encarga desde el despacho a través de Minitel o por teléfono (lo que a veces produce diálogos sorprendentes a la salida de una reunión: «¿La Voix Express? Le he especificado con mucha claridad cuando he llamado que no quería papel higiénico malva. Ahora me encuentro con treinta rollos de un color que detesto»). Ni el de los congelados, de encargo rápido y entrega rápida (¿qué Super Woman levantará una estatua a Picard, proveedor sin igual del puré de verduras congelado, y a su indispensable brazo derecho, el inventor del microondas?).

No, el mercado, el de verdad, es el de los pequeños tenderos del barrio. Buen pan, pastas frescas, quesos refinados, frutas exóticas, verduras variadas, carne comprada a un carnicero que ama su oficio, café de verdad molido en su punto justo, flores... El sábado por la mañana, el ama de casa ejemplar refunfuña porque lleva a cuestas bolsas demasiado pesadas.

Porque a la SW también le gusta recibir a los amigos, devolver las invitaciones y lanzarse como una jabata a descifrar las fichas de cocina de *Elle* o de la cocina de cuatro estrellas de Senderens o Guérard. Su mesa goza de buena reputación. Rape con cebolletas, tallarines con *magret* ahumado, paté de aguacates, *mousse* de pimientos morrones, nabos crudos con truchuela, foie gras casero o, sencillamente, cocido.... ¿Acaso hay un momento más propicio que el fin de semana para preparar platos deliciosos que se servirán en la mejor vajilla esa misma noche? ¿O dentro de tres días, gracias al congelador? Lo cual permitirá que nosotras, las médicas, abogadas y altas funcionarias que todos los días hacemos sin pestañear grandes cosas en nuestra existencia, nos ruboricemos como adolescentes cuando todos los invitados se extasíen ante nuestro talento de cocineras.

Al fin solos

Con todo esto, quedan apenas algunos minutos entre la velada televisiva del sábado y la velada cinematográfica del domingo (o viceversa) para ocuparse al fin de ÉL, el Único, el Elegido, el compañero para lo bueno y para lo malo, el que escogisteis un día para que caminara a vuestro lado, pero que tiene dificultades para seguiros el ritmo desde que galopáis. Sed honestas, entre las disputas, el mercado, las disputas, los niños, las disputas, la vuelta por el bosque, las disputas, etcétera, casi os habíais olvidado de que era un ser humano que cumplía la función de ser vuestra pareja, alguien a quien es posible dirigirse con tranquilidad, sin tener que aullarle forzosamente en la oreja, aunque sea la milésima vez que (os) pregunta mientras va de un lado para otro «Pero ¿dónde has puesto la sal...(el café, mis calcetines, las llaves de mi coche, el destornillador, etcétera?)».

Ya durante toda la semana, entre las siete de la mañana y las ocho de la tarde os habéis cruzado, porque vuestros horarios no coinciden. Apenas una llamadita telefónica: «¿Qué tal? Yo estoy bien. Bueno, hasta luego, un beso». Y después del trabajo, entre las cenas fuera de casa, las de negocios, sus partidos de fútbol o vuestro programa semanal de TV «Apostrophes», sin contar con la ceremonia de irse a la cama (los niños), no os queda mucho tiempo para comunicaros vuestras ideas profundas, aparte de «que no se nos olvide pagar el seguro» o «telefonea a tu madre para pedirle que cuide a los niños mañana». Ya es mucho si aún os queda un poco de fuerza extra para darle las buenas noches, con la esperanza de que no esté pensando en otra cosa porque mañana por la mañana el despertador sonará de madrugada.

Así que los dos contáis con el fin de semana para rehacer vuestra pareja, sin poner en ello grandes esperanzas. Que no cunda el pánico, se logra. Las grandes discusiones metafísicas («¿Bautizamos al niño para darle gusto a tu padre?»), los proyectos para el porvenir («¿Dónde vamos de vacaciones?»), y las declaraciones de todo tipo («¿Me quieres? Entonces dímelo»), encajan a la perfección entre los programas de TV «Champs-Elysées» y «Droit de réponse». En cuanto a los mimos, cemento de toda pareja que se respete, basta con calcular la jugada con cuidado para que la siesta (crapulosa) del sábado coincida con la muy merecida de los angelitos o el serial preferido de los mayores.

¿Y el erotismo? Eso es harina de otro c(h)ostal.

VIII

Super Woman y Super Sexo

> El amor propio no perdura como tal por mucho tiempo.
>
> MARTIN VEYRON

Kim Basinger hasta en la carnicería...

Sexy desde la punta del tacón (aguja) hasta el extremo del tirante de su corpiño de seda, combina su portaligas gris con sujetador de media copa que modela un pecho perfecto bajo el body ultraceñido. Durante el fin de semana, un viejo tejano apretado en su justa medida sobre nalgas impecables y un gran jersey flotante que deja sabiamente al desnudo un hombro que le dan un aire excitante como quien no quiere la cosa.

Más turbadora que la novia preferida de James Bond, más sensual que una princesa de las *Mil y una noches*, más tórrida que Kim Basinger en *Nueve semanas y media* (a condición de encontrar todos los días a un Mickey Rourke), la Super Woman es un animal sexual, una bomba anatómica que utiliza su encanto y su seducción con insolencia y aplomo.

En todas las circunstancias, incluso en la parada de metro Nation a las seis de la tarde, incluso ante la caja del carnicero para pagar sus cinco entrecotes, incluso en la guardería cuando va a dejar a Valentine está preparada, ojo avizor, al acecho del menor signo de Aventura, lista para dejarlo todo y seguir al Desconocido (fuera de las horas laborables).

Hija de Marilyn y de la píldora, hace un siglo que se leyó todos los libros y que su carne ha dejado de estar mustia. Ahora que el orgasmo obligatorio depende de la Seguridad Social, reclama su ración cotidiana. Al hombre de su vida y a las aves de paso. Ni el mismo SIDA le da miedo. Ya nunca sale sin preservativos en el bolso y, si es necesario, llegará a reinventar las reglas de una Nueva Fidelidad. En pocas palabras, mujer libre, liberada, libertina, libidinosa, la SW se lo pasa bomba en todos los lugares aprobados por la moral: el lecho conyugal o la alfombra del salón. Y el algunos más, no tan lícitos, que arrastran en su estela el turbio perfume del adulterio... El Ritz de cinco a siete, el tren nocturno París-Milán en coche cama o los lavabos del Concorde, a la vuelta de una conferencia pronunciada en Nueva York.

Esto es la teoría.

El drama es que para alcanzar también en esto un 10 sobre 10 como en los otros temas, tiene que hacer un esfuerzo tremendo. No es tan sencillo ser al mismo tiempo ama de casa y querida, gran amante y madre de familia numerosa, cerebro y par de nalgas, mejor si son bien prietas. Pasada una cierta edad, y en vista de todas las responsabilidades que le caen encima, la tendencia natural de la SW sería más bien renunciar. Aunque le cueste. Porque la tarea se presenta ardua.

Super Solteras: un cocktail delicioso

Las solitarias, provisionales o episódicas —numerosas en el mercado— tienen que volver a empezar en cada Encuentro con el mismo numerito, el gran juego de la seducción. Cada vez más incierto en estos tiempos de frialdad masculina. Porque desde que las mujeres han tomado el mando de las operaciones amorosas, los hombres han caído en una pasividad que roza la catalepsia. Se dejan ligar a regañadientes y se reservan el privilegio, como los emperadores romanos, de levantar o bajar el pulgar según el humor del momento. Arriba: «De acuerdo, vamos a beber el último tequila a tu casa». Abajo: «Bueno, me largo. Mañana me levanto muy temprano». Poco falta para que pretexten migraña, como las tímidas vírgenes de antaño.

De ahora en adelante, las grandes maniobras en el campo de batalla son cosa de sus compañeras. El alto mando, de principio a fin. Los trabajos de aproximación: «Perdón, he vertido mi copa de champán en su Weston». La estrategia de ataque: «Este cocktail no tiene ninguna gracia. Conozco un pequeño restaurante japonés a dos pasos de aquí donde se sirven los mejores *sushi* de París». La colocación de los peones: «Como dice mi agente de Cambio y Bolsa...». La carga de la Brigada ligera: «No, no, déjelo, estoy en mi terreno e insisto en invitar». Y por fin la estocada: «Vivo en un taller-estudio en la Bastille, decorado por Starck. ¿Le apetece probar el canapé que me diseñó?». Después de esta muestra de valentía, apenas nos queda fuerza para estar en la cama a la altura de nuestras promesas y de sus esperanzas. Allí también debe jugarse la partida con habilidad. Que sigamos siendo unas Super Women hasta en el más tierno abandono, les causa un canguelo monstruoso porque, en el fondo, los pobrecitos no soportan, y menos aún en esos momentos, que nadie más que ellos tenga cojones.

Sugerir caricias muy precisas: «Me encanta que me laman los dedos del pie», o abrir el juego mostrándole el punto G, porque el pobre ángel no lo hubiera encontrado nunca por sí mismo (admitiendo que haya oído hablar de él siquiera), preguntar en tono desenfadado si practica el sadomasoquismo, o recordarle con aire goloso la escena de la mantequilla en *Último tango en París*, amenaza con llevarlo a la retirada desordenada. En el mejor de los casos, huye al cuarto de hora. En el peor, queda impotente para toda la noche. (Como ese chico, encantador por lo demás, pero un poco cohibido antes aún de iniciar todo preliminar, que una SW encontró al salir del cuarto de baño desnuda bajo su bata, echado sobre la cama, PERO encadenado con doble vuelta en su impermeable...)

Si, por el contrario, la SW se abandona en el catre y se transforma en una frágil florecita, golosa de mimos delicados, de besos mojados, de rorró en grandes brazos musculosos, que prefiere la ternura torpe al beso desencadenado, presagia, sin ninguna duda, la hecatombe. Después de los trece años y medio, la mujer-niña ya no es un buen negocio.

Así que hay que hacer trampas. Dosificar los ingredientes. Adaptarse al humor ambiental. Ponerle pimienta al *baby doll*, pasar de la panty negra a la bikini almibarada. Sobre todo, cuidarse mucho de ser una misma, so pena de que todo se vaya al cuerno. Lo cual da al amor cierto aire de contrato de negocios. Una vez concluida la «cosa», nos relajamos aliviadas. Es hora de acostarse. Sobre todo porque el despertador va a sonar muy temprano.

Súmense varias veces por semana (o por mes, según las ocasiones) estas tonterías (porque ya no se encuentra de buenas a primeras, o rara vez, al tío adecuado, al que da buen resultado) y un buen día se acaba por no soportar más eso de ser una bomba sexual siempre a punto de explotar. Se acaba prefiriendo, para una velada o de por vida, la compañía del gato, de «Dallas», de las óperas de Mozart o de las obras completas de Dashiell Hammet. Al menos, a ellos les importa un pito que os paseéis en maxi camiseta Mickey en lugar de en bata de pura seda Pascale Madonna (o viceversa). Sola, sí. Pero tan tranquila...

La Pareja con P mayúscula

No hay que creer ni por un momento que para una SW, el modelo estándar, el patrón oro, la Pareja con P mayúscula, es más fácil de llevar que la soltería. Al contrario, requiere muchos más esfuerzos. Sobre todo en una época en que los grandes clímax y los dulces nudos conyugales se relegan cada vez más al trastero, junto con los accesorios pasados de moda.

Porque para una Super Woman el fracaso es insoportable. En especial cuando se trata de su vida privada. Su grado de triunfo se determina también por el rasero de este éxito concreto. Cuando lo consigue, con gran esfuerzo personal, la lucha por mantener el rumbo correcto es muy dura. La SW trabaja sin interrupción. Se niega a que digan de ella: «¿Has visto a Fulanita? Ha aumentado la cifra de negocios de su fábrica de calcetines un 30 %, sí, pero cuando vuelve a casa por la noche está sola». Se esfuerza, incluso, por llegar exactamente a lo contrario, con riesgo de despertar las envidias latentes: «¡Caramba con Fulanita! No sólo funciona de perlas su fábrica de calcetines, sino que además tiene un tío genial y unos niños magníficos».

Porque según el conocido adagio superwomaniano, vale más despertar envidia en todos los campos que piedad en uno solo. Así que la SW se bate como una leona para preservar su bienestar personal. Se lo toma a pecho. Incluso hoy, cuando gana lo suficiente como para mantener a su numerosa prole y a sí misma y puede largarse dando un portazo de la noche a la mañana sin temer un futuro desolador. Pero como ocurre con el viejo principio de la disuasión nuclear —si las dos potencias involucradas poseen el arma suprema, ni la una ni la otra tienen interés en soltar la suya—, la SW prepara la paz antes de pensar en la guerra.

Así pues, la SW lucha por la felicidad de su pareja y, desde luego, por la suya. Un combate que no admite tregua. Porque debe conciliar a la vez su afición por la seguridad y su necesidad de riesgo. Su afán por las zapatillas bordadas a mano para estar junto a la chimenea y el deseo de erotismo desenfrenado con el Hermoso Aventurero encontrado en el ascensor. A cada instante debe suceder algo en la sección de los sentimientos. Para probarse que todavía gusta. Que aún siente el profundo estremecimiento de la libertad recorriéndole el cuerpo. Y que todavía puede leer el deseo que proclaman a gritos los ojos de todos los hombres, incluido el suyo.

Perra en celo en pos de la ternera con salsa blanca

Pero al mismo tiempo, qué cansancio...

Para nuestras abuelas era muy sencillo. Esposas admirables, madres amantes, diosas benévolas del hogar... y a continuación, puntos suspensivos. Para el libertinaje ya existían casas especializadas. Y, más aún, después de algunos años de matrimonio. Hoy, que el pichoncito también lleva cuando se tercia medias de rejilla, tiene que transformarse en perra en celo después de poner el lavavajillas por la noche. En hetaira entre dos despertares nocturnos de Toto, que tiene pesadillas. En gamberra insaciable después de la proyección en familia de *Házmelo todo*, película inolvidable alquilada en el videoclub de la esquina. Y olvidarse de golpe y porrazo, sin más, del cansancio, el *stress*, los impuestos, el trabajo y todas las pequeñas preocupaciones que acaban por desconcentrar gravemente a una mujer. Incluso a una Super Woman.

Hay que estar muy motivada para jugar a este juego permanentemente. Es difícil bailar la danza de los siete velos en zapatillas. El erotismo estilo *Historia de O* después de la ternera con salsa blanca de la cena requiere una colosal dosis de amor. Y de imaginación. La fiebre amorosa del sábado por la noche, porque al día siguiente se puede una levantar tarde, acaba por cansar a las mejor intencionadas. Y poco a poco, a pesar de los apasionados comienzos (con Él, todo empezó con un flechazo), nos dormimos por la noche con la nariz en la página de negocios de *Le Monde*. Con calcetines de lana y pijama de algodón en lugar de la ropa interior transparente que exhibíamos al principio, cuando gustarLE era todavía nuestra segunda naturaleza.

Se empieza así y un buen día nos encontramos los dos desnudos en el cuarto de baño, mirando torvamente muslos reblandecidos y un brioche que ni siquiera está crujiente. Preguntándonos cómo, en nombre del cielo, hemos podido hacer *eso* juntos alguna vez. Ya queda poco para el diálogo a través de abogados interpuestos. Porque cuando la libido doméstica no funciona, nada funciona. Todas las consejeras matrimoniales os lo confirmarán.

Antes de llegar a tan tristes excesos hay que coger el toro por las astas. Cualquier medio es bueno para salvar la pareja. Hasta el más extremo. Y la Super Woman, como un valiente soldadito, se va a entregar a fondo. ¿Qué soluciones hay? No abundan precisamente. En el fondo no hay más que dos.

Fiel, fiel...

La primera, la más simple, la menos agotadora y en estos tiempos difíciles en los que cunde el SIDA, mucho menos peligrosa, es transformar al marido en amante. Como en los *best seller* americanos en doce capítulos del tipo: «Olvidad que ronca por la noche y sugeridle que cambie de pijama». Cenas a la luz de las velas, telegramas encendidos... Después de todo, Él es tan bueno como cualquier Otro. Los fines de semana de enamorados en Praga o en Vaison-la-Romaine tendrían lugar en lo sucesivo entre monsieur y madame Henri Dupont (siempre puede uno quitarse la alianza antes de rellenar la ficha del hotel para darle un poco de color a la cosa).

Lo mismo sucedería con las tardes clandestinas, que se consumarían exclusivamente con el legítimo (¿os imagináis qué cara pondría vuestro mejor amigo cuando le pidierais las llaves de su piso de soltero «para Riri y para mí»?). Esto, si se logra, es lo ideal. Porque la «canita al aire», tanto para los casados como para los solteros, va a pasar a ser, en lugar de moralmente (poco) reprensible, físicamente acrobática, en tanto no se encuentre la famosa vacuna antisida. (El retorno al viejo y querido preservativo de Papi no parece haber causado el entusiasmo inmoderado de todos y todas por el momento.)

El amante: a lo dur(as)o...

La otra solución consiste en echarse un amante, para poner un poco de caviar en el pan conyugal cotidiano. Y con buena intención. Sólo para salvaguardar el matrimonio. El pequeño desgarrón en el contrato, lejos de ser un drama, es absolutamente benéfico para la comunidad. En primer lugar, nuestro humor mejora, con lo cual el suyo también. Y, en segundo lugar, para borrar la culpabilidad que, de todos modos, está bien anclada en nosotras y por aquello de calmar las sospechas de la parte contraria (¿acaso una mujer que engaña a su marido por la tarde va a tener la audacia de hacer el amor con él esa misma noche?). Apenas salimos de la cita adúltera nos revolcamos sin vacilar en el lecho matrimonial. Y, con toda naturalidad, logramos el resultado esperado.

Dicho esto, no es tan fácil conseguir un verdadero amante. A menudo no hay otra salida, es cierto. Además de la voluntad, que nos honra, de reforzar nuestra pareja, tenemos también razones imperiosas para llegar a eso. Sucede cuando estamos hartas de ser las únicas que nos vemos bellas en el espejo, porque el otro ya no nos mira. O cuando nos deprimimos por la arruga que sale demasiado de prisa en un rincón del rostro. O después del nacimiento de un niño, cuando nos han caído encima diez años de una vez (el *baby blues* a menudo nos lleva muy lejos). Y también por narcisismo, por amor propio, cosquilleo del ego, para oír cómo nos dicen aún y siempre que seguimos siendo la más bella.

Todas estas razones pueden más que el simple sentido común. Porque en el camino de la SW infiel se alzan obstáculos capitales.

¿Dónde, cuándo, cómo y quién?

¿Dónde encontrar el amante? Bueno, esto no es un problema. Toda ocasión que haga a la ladrona es aprovechable. Cocktails, aviones, trenes, conferencias, citas de trabajo, etcétera. Las SW tienen de sobra dónde escoger.

Ésa es la cuestión; ¿a quién escoger? Evitar a los amigos del marido parece desprenderse del más elemental sentido común. Pero entre los clientes, los colegas (huir como de la peste de un *love affaire* prolongado en la propia sección), las relaciones de trabajo, etcétera, estadísticamente, ya hay por dónde empezar.

No, lo que nos falta sobre todo es tiempo. ¿CUÁNDO verlo? ¿Dónde colocarlo en las páginas de la Super Agenda sobrecargada? (En el fondo, si la SW es con frecuencia casta no se debe a su elevado sentido moral, sino al deseo de ahorrarse otra maratón.) ¿A la hora de la comida, de prisa y corriendo? ¿O en las atropelladas citas de cinco a siete? Es difícil demostrar una ardiente pasión con la mirada puesta en el reloj. ¿Las cenas de negocios? Sí, pero es imposible multiplicarlas, igual que los viajes del mismo nombre. En seguida resultaría sospechoso.

Pero admitamos que conseguimos sacar de la manga el tiempo preciso. Una hora cada quince días. No es mucho, pero bastará. La otra cuestión es ¿DÓNDE? ¿En su casa? Está oportunamente provisto de una familia, cosa que reduce asimismo los riesgos de patinazo incontrolado, del estilo: «Te amo, abandónalo todo por mí». Así, por lo menos, sabe por experiencia que no se echan por la borda cinco o diez años de vida en común por una banal historia de nalgas (aunque las nuestras no sean banales...).

¿En nuestra casa? Tal cual. Y aunque en algún caso excepcional no hubiera nadie allí, con el marido y los niños esquiando y la tata en casa de su madre, la idea de mancillar el lecho conyugal frente a la foto de Thomas y Marine nos produce, en lugar de un gran estremecimiento, una serie de pequeños escalofríos en la espalda. (Ellos son menos puntillosos. Incluso nos prestarían la bata de felpa de su mujer, impregnada con su olor, si tuviéramos un poco de frío al salir de la ducha.)

¿En un hotel? Sólo el Crillon, el Plaza o el Ritz son soportables para un adulterio de este tipo. Pero ruinosos, si se lleva un ritmo desenfrenado. El de dos estrellas en seguida parece lamentable. No hay nada más siniestro que un engaño sin posibles. Pero admitamos que también, a costa de mucho esfuerzo, habéis superado estos obstáculos...

La botella y la ebriedad

Por fin llegan el Día y la Hora tan esperados de la cita. Estáis vestidas de punta en blanco desde el alba. El Chanel nº 5 de las grandes ocasiones (ésas en las que no se lleva nada más para dormir). Combinación exquisita de un color melocotón divino para la tez y braguita tanga haciendo juego. Piernas y axilas depiladas con cera y sin dejar una milésima de pelo (cosa que nunca tenéis tiempo de hacer para vuestro marido, a menos que sea con la maquinilla de afeitar). Maquillaje ligero, pero resistente. Falda recta, que realza vuestras piernas perfectas, o pantalón ajustado, si el punto clave de vuestra silueta se sitúa más bien en el lado posterior.

En resumen, la perfección hecha mujer, pero estudiada de una forma muy sutil para evitar preguntas embarazosas al salir temprano por la mañana. «Vaya, hoy te has maquillado, ¿cómo es eso?»

Tenéis que veros a la una en el bar del hotel La Trémoille. Y os cuesta concentraros en el informe que hay que presentar por triplicado al jefe con toda urgencia. Veinte veces estáis tentadas de anularlo todo, porque encontráis ridícula la situación. Veinte veces os recobráis, porque por encima de todo detestáis rajaros. Por fin, la hora fatídica llega. (Por regla general, en este preciso momento surge la conferencia imprevista, o Augusta telefonea descompuesta para anunciaros que Louise tiene 40º de fiebre y acaba de vomitar toda la comida... Entre deber y placer, la elección es delicada...)

Pero ese día, excepcionalmente, el camino está despejado y el tiempo y la moral son buenos.

Es vuestra primera cita con él. En el hotel. Os espera en el salón, con aire desenvuelto. Tiene en el bolsillo las llaves de la habitación. En cinco segundos advertís que el traje le sienta bien, pero que su corbata a rayas rojas y verdes es espantosa. O que con su nuevo corte de pelo se le ven orejas de Dumbo. (También él se ha metido en gastos extraordinarios.) Ya os gusta menos. Casi se podría decir que os disgusta. Pero os roza los labios y, de repente, os deshacéis. Os ponéis a temblar ante la idea de que alguien os reconozca. Felizmente en el ascensor no hay nadie salvo la mujer de la limpieza, cuya mirada, fija en vosotras, es claramente reprobadora.

La habitación es pequeña y está amueblada con gusto. Más turbadas de lo conveniente, no veis nada excepto la cama, que os parece inmensa, obscena y llena todo el cuarto. Abrís la boca para lanzar alguna agudeza con el humor que os caracteriza (evitad «¡Cielos, mi marido!», que aquí quedaría muy fuera de lugar). Os sentís cada vez más tensas. Y os atenaza un horrible deseo de hacer pipí (en vosotras es síntoma de emoción).

Él está detrás. Con mucha clase, os besa en el cuello. Dice que adora vuestro perfume, vuestra piel y que, en lugar de perder el tiempo hablando, deberíais meteros en la cama. Os abalanzáis en dirección al cuarto de baño y dejáis que corra el agua del grifo en abundancia para disimular el estruendo de la cadena (que os parece irreconciliable con una futura escena de amor tórrido).

Y ya estáis listas para una hora, reloj en mano, de besos suaves o desenfrenados, según el estado y las capacidades de vuestra pareja. Aquí se pueden dar todos los casos. El más grave, el que os lleva al séptimo cielo y os deja en las nubes más de lo razonable. (Entonces el riego de acostumbrarse se agrava mucho. En caso de sobredosis, la ruptura no será fácil.)

A menudo ni está muy bien ni es muy bueno, sobre todo la primera vez. Pero nunca jamás os lo confesaréis. O al menos, no en seguida. Porque en este caso concreto, qué importa la embriaguez mientras se tenga la botella...*

* La autora, en uno de sus típicos juegos de palabras, le da la vuelta a la frase hecha, que diría exactamente lo contrario: «qu'importe le flacon pourvu qu'on ait l'ivresse». *(N. de las T.)*

SEGUNDA PARTE

Culpa de...

De modo que aquí estamos, metidas en un buen lío. Pero después de todo, hija mía, hubiera dicho mi abuela, esta existencia a mil por hora, esta carrera sin fin, te la has buscado tú. Tú y tus semejantes, a quienes en un principio la vida no había destinado a estar en primer término. Tú has sido quien se ha buscado esta liberación. Cuando hubieras podido quedarte tranquila en el hogar y ocuparte de los tuyos, tu marido, tus pequeños, que te necesitan... Nadie te ha pedido que luches como un hombre y que, al mismo tiempo, sigas siendo una mujer... Si hay una responsable, eres tú misma...

Un momentito, abuela. Es verdad que somos culpables. Pero no en el sentido que tú crees. Nuestro mayor error es haber escuchado y escuchar aún a los otros, a los que nos han metido en este lío y nos han dejado solas a la hora de desenredarlo. Las feministas, a quienes seguimos con toda el alma, y que nos abandonaron a mitad de la carrera. Los hombres, con los que tanto contábamos para hacer avanzar nuestra causa, en quienes intentamos apoyarnos para la educación de los niños y las cargas de la casa. Y que, tras haber respondido (con remolonería) al llamamiento, han acabado por darnos plantón. La publicidad o los Malos Ejemplos, que intentan persuadirnos de que la Perfección es de este mundo.

Nuestro único error, decía yo, es haber creído en toda esta palabrería y habernos adherido a ella con todo nuestro ser. ¿Víctimas? Sí, lo somos. De los demás, y la lista es larga. También de nosotras mismas, porque hemos sido endiabladamente tolerantes. Y somos, sin duda alguna, con nuestra pasión por vencer, nuestras peores esclavizadoras.

I

Culpa de las feministas

> Al escuchar a mi hija y a mi generación y a su generación, me di cuenta de que algo fallaba. Advertí una amargura creciente, una acusación no formulada. «Nos habéis impuesto metas difíciles de alcanzar. ¿Y qué vamos a hacer con el resto de nuestras aspiraciones?»
>
> BETTY FRIEDAN, mayo 1982

Las hombras

La Super Woman no nace.

Se hace.

Tras los años del MLF creímos inventar una nueva raza de mujeres, surgidas como por milagro de la varita mágica de las feministas, estas aprendizas de brujas de los años 60-70. Libertad, igualdad, feminidad, era de cajón. Nunca más seríamos como nuestras madres y nuestras abuelas. ¿El ama de casa cabal, arrinconada entre críos y mermeladas que, cuando oía la palabra «liberar», sacaba su Moulinex? No, gracias, de ahora en adelante eso es poco para nosotras. ¿La trabajadora que después de sus ocho horas de un trabajo apasionante (coser dobladillos en cadena o pasar a máquina facturas hasta olvidarse de cómo se cuenta), debe cargar con los niños por limpiar, la casa por lustrar y el Hombre por servir y honrar? Esto tampoco. La Verdadera Vida estaba en Otra Parte.

Gracias al cielo y a años de reñida lucha para barrer las ovejas negras del sexismo de delante de nuestra puerta, estábamos seguras de haber llegado a buen puerto. Aunque aún nos quedara trabajo para rato. Era embriagador sentirse al fin adultas, conmovedor sentirse por fin reconocidas...

Sólo que el resultado fue insólito. No tan brillante como esperábamos. De repente nos encontramos en desventaja comparadas con nuestras dignas abuelas.

Por un lado, herederas de arcaísmos de los que nuestras pretendidas liberadoras no supieron (ni pudieron) desembarazarnos: *buenas madres, buenas esposas, buenas amas de casa.* En resumen, las antiguas tareas de las mujeres buenas, casi las mismas desde la eternidad, incluso en la época de las madres alquiladas y del microondas.

Por el otro, prisioneras de los dictados impuestos por *la carrera, la ambición, el sexo,* estas nuevas normas robadas a los hombres gracias al encarnizado combate de nuestras hermanas feministas. (Pero, malas costureras como fueron, se «olvidaron» precisamente de adaptarlas a nuestras medidas.)

Y, una vez más, hemos caído en la trampa.

Por culpa VUESTRA. De todas. ¡Oh, grandes sacerdotisas de la Liberación-Feminista-Y-De-Todas-Sus-Consecuencias!, la verdad es que no tenéis motivo para echar las campanas al vuelo. Todo lo que nos pasa es sólo culpa vuestra. ¿Quién dijo: «Sólo un trabajo creador permite a la mujer (lo mismo que al hombre) reconocerse en tanto que ser humano»?* ¿Quién escribió: «Al final, la frigidez o los problemas sexuales no eran más que un subproducto del desconocimiento de una necesidad tan fundamental como el amor: la necesidad de realizar-

* Betty Friedan, *La femme Mystifiée,* Denoël-Gonthier, 1964.

se»?* ¿Quién hundió en nosotras el clavo de la insumisión a nuestra triste condición de objeto? ¿Quién nos empujó a realizarnos? Nos persuadisteis de que éramos geniales, formidables, de que debíamos hacer las cosas tan bien como los hombres o mejor. Lo peor fue que nos lo creímos...

Veinte siglos de Opresión más veinte años de Liberación han proporcionado la fórmula matemática de la Mujer Perfecta. *Mujer-Mujer + Mujer-Hombre = Super Woman.* Por culpa VUESTRA, Simone, Kate, Germaine, Betty, Benoîte, Gisèle** y demás, nos hemos convertido en seres híbridos, en hombras, duras y tiernas a la vez, un curioso compromiso entre el ángel (guardián del hogar) y la bestia (de carga).

Hoy el balance es gravoso. No sólo no nos librasteis de nuestras cadenas sino que nos añadisteis otras, igual de pesadas. Y nos tuvimos que espabilar.

Sobre todo porque, una vez embalada la máquina, y sin posibilidad de frenar, todas cambiasteis de chaqueta y preconizasteis el retorno a la familia, al hogar, a la castidad, etcétera, por aquello de que «es de sabios cambiar de opinión». Chupado, ahora que el mal está hecho... Por vuestra grandísima culpa nos encontramos acorraladas. Porque nosotras, que pusimos en práctica todas vuestras teorías y actuamos mientras vosotras pensabais, no podemos dar marcha atrás. Demasiado tarde, ya nos lanzamos.

Vuestras primeras intenciones eran loables, de acuerdo. Gracias a vosotras nos despertamos, nos movimos, es cierto. Trastornasteis nuestras existencias, zarandeasteis nuestras convicciones, nos forzasteis a tomar las riendas de nuestra vida, como hacen las personas mayores. Nunca os lo agradeceremos bastante, esto es un hecho.

Pero, ¿de qué sirve nuestra hermosa independencia si, después de todo, acabamos agotadas y frustradas?

* Benoîte Groult, *Ainsi soit- elle*, Grasset, 1975.
** De Beauvoir, Millet, Greer, Friedan, Groult, Halimi.

Tarzán, Jane y los otros

Antes, todo era sencillo. Él, Tarzán, cazaba. Ella, Jane, cosechaba. Él, Tarzán, *sabía*. Ella, Jane, admiraba (y se callaba la boca, aunque también supiera).

Cuando Tarzán y Jane, atormentados por la idea de la supervivencia de la especie, quisieron un heredero, fue Jane quien parió. Tarzán volvió al curro para nutrir a su camada, mientras su compañera daba a Junior los primeros rudimentos de su educación. Encontrarse los piojos, saltar de liana en liana, pelar correctamente un plátano. En resumen, si la cría de hombre llegó a ser hombre, mi hijo, fue gracias a la ternura benevolente prodigada por mamá y a los asados de hipopótamo aportados por papá. Sin riesgo de error, sin cartas amañadas. El juego era límpido.

¿Y luego? Todo se complica. Papá se pone celoso. Encierra a mamá. «Se acabó eso de salir y todo lo demás, el amo, aquí, soy yo.»

Como mujer de su casa, mamá «se aburre»: no tiene gran cosa que hacer, aparte de educar a la tribu, ocuparse de la casa, cocinar, lavar, planchar, arreglar, dar órdenes a los criados cuando tiene, tocar el piano y pedirle a papá dinero para comprarse ropa. No vota. Papá dice siempre, riéndose: «Mi mujer no entiende nada de política».

Como carece de instrucción, no lee mucho. A no ser novelas de amor de cuatro cuartos que le hacen soñar. (Si lee muchas, se pone muy extraña. Sale por la tarde, descuida el hogar, se pasa el tiempo llorando y confesándose. Y hasta llega a morir: a esto se le llama «bovaryzar».)

Mamá se ha resignado a no ser más que una mujer. Cuando no sabe hacer algo, para eso están los hombres. Y papá es uno de ellos. Fuerte, sólido, protector, trabaja continuamente, le gusta acariciar el pelo a los niños y repartir recompensas y reprimendas. Cuando vuelve por la noche, da voces, se pone sus pantuflas, enciende su pipa y lee su periódico, tranquilo junto al fuego. Entretanto mamá acaba de preparar la comida, pone la mesa, sirve la sopa, come de pie detrás de su hombre, lava la vajilla y acuesta a los niños, mientras piensa en el futuro que le espera: «Miércoles, día de la colada; jueves, día de mercado. Ah, acordarse el viernes de coser los dobladillos». En líneas generales, procura ser útil.

Papá y mamá forman lo que se llama una pareja unida. Sobre todo papá, que le ha hecho seis hijos a su mujer y aún la respeta. Porque a medida que pasan los años, cuando vuelve muy tarde, un poco achispado y oliendo a perfume, dice que estuvo celebrando la promoción de un colega. Y mamá da su conformidad.

Mamá habría podido vivir así siglos y siglos, tranquila, resignada. Sin comprender que su melancolía, sus jaquecas, sus ocasionales angustias, eran el simple resultado de que se ahogaba. Era desgraciada y no lo sabía.

Nos faltaba la Beauvoir

Y luego *llegó* Beauvoir.

Desde luego, antes que ella había habido muchas de estas admirables liberadoras de su sexo.

Olympe de Gouges, que en su célebre *Déclaration des droits de la femme et de la Citoyenne* (1791) había osado pretender: «La mujer nace libre y permanece igual que el hombre». Fundó el club de las «Tejedoras», esas mujeres que asistían a los debates parlamentarios mientras le daban a la aguja...

Hubertine Auclert (se negó a pagar sus impuestos porque no votaba). *Clara Zetkin,* fundadora en 1892 del periódico *L'Egalité* (también militaba por el derecho al voto). Y *Louise Michel, Flora Tristan, Pauline Roland* y tantas otras, ilustres o desconocidas, valerosas soldaditas que se batieron osadamente en el frente del antisexismo.

Pero la reina madre, De Beauvoir, Simone, llamada el Castor, causó mayor impacto en las mentes con un solo libro, que todas las demás en siglos y siglos. *El Segundo Sexo* (1949) se convirtió en una biblia. Un tocho en el marasmo de las mujeres de su casa. Mil páginas inteligentes, profundas, que analizan desde el punto de vista antropológico, filosófico y psicológico la condición humana de la mitad del mundo, el inmenso continente negro.

Fue la iluminación divina. La revelación. Un bombazo para el llamado sexo débil.

Muchas mujeres, y no precisamente unas don nadie, descubrieron al leerlo cuán poco envidiable era su suerte. ¿Porque analizaba su triste condición? Sí, desde luego. Pero no solamente por eso. ¿Porque les pedía que se libraran de su yugo mediante la conquista del trabajo y de la igualdad? Sí, desde luego. Pero no sólo por eso. Sobre todo, porque no se contentaba con explicarles por qué las oprimían.

Beauvoir las atacaba a lo largo de centenares de páginas.

¿Qué digo yo, las atacaba? Las zarandeaba, las reprendía, las censuraba, las amonestaba, las reñía, las increpaba, las mandaba a paseo. Al llegar a la palabra FIN, si se era una mujer, había que tener una imponente dosis de amor propio para poder mirarse al espejo sin escupirse.

Ni un solo macho se habría atrevido ni se atreverá jamás a hacer una octava parte de las declaraciones que ella hacía sobre las mujeres. So pena de ser implacablemente castrado. En el fondo, Beauvoir debía de ser un hombre. Y de la peor especie. La muy aborrecida del misógino.

Tranquilamente envuelta en sus certidumbres y en sus famosos turbantes daba, como quien no quiere la cosa —estilo «es por su bien»—, un patadón a millones de infelices que no le habían pedido nada. Todas dotadas, según ella, de miles de defectos, a cuál más horrible. A sus ojos, ninguna categoría se salvaba. Todas eran espantosas, malvadas, inútiles, putarronas, tontas del culo, taradas... Horribles dragones hembras y gamberras imbéciles al mismo tiempo. Un tiro al blanco, donde se las acertaba a todas sin excepción.

¿La esposa? «A algunas se les suben los humos y se convierten en matronas tiránicas, en arpías... Otras se complacen en un papel de víctima... Otras perpetúan las conductas narcisistas que hemos descrito a propósito de la jovencita...» Y también: «El matrimonio produce mantis religiosas, sanguijuelas, malos bichos, incluso matronas...». Ahora se comprende por qué, siendo tan hostil al matrimonio, no se casó jamás, por miedo a caer en la categoría maldita.

¿La madre? Beauvoir la homenajea. Y no con flores precisamente. Es frustrada, mala, sin corazón, una mezcla de la malvada madrastra de Blanca Nieves y de la Folcoche de *Vipère au poing*.* «Es casi siempre una mujer insatisfecha... a quien se le confía (el niño), atado de pies y manos... Uno se asusta al pensar que se abandona en sus manos a niños indefensos... Junto a madres francamente sádicas, encontramos muchas que son caprichosas. Lo que les encanta es dominar.» La reina madre, ella, se abstuvo toda su vida de tener hijos, ya que la maternidad inevitablemente torna malvada a la mujer.

Cuando el niño crece nada se arregla, al contrario: «Sea una madre apasionada o una madre hostil, la independencia del niño destruye sus esperanzas». Y vuelta a empezar. Uno se pone a temblar ante estos millones de niños mártires o poco menos, sacrificados en el altar del amor maternal.

La amante no es mucho mejor. Es incapaz de amar, «precisamente porque jamás se olvida de sí misma». Y ¡zas!, derechazo al egoísmo «natural» de las mujeres. La creadora no tiene genio. «Hay mujeres que están locas

* Hervé Bazin, Grasset, 1957.

y mujeres con talento: ninguna posee este grado de locura incorporado al talento que se llama genio.» Y otro «gancho» a la mandíbula... Se mire por donde se mire, la mujer no tiene más que defectos: «Rara vez se encuentra en la mujer una afición a la aventura, a la experiencia gratuita, una curiosidad desinteresada, permanece dominada, cercada por el universo masculino».

Y todo el resto por el estilo. Capítulos enteros que gritaban horrores imputables a las hembras, esas histéricas, animales, celosas, coquetas, fútiles, caprichosas, vanidosas... (si hubiera escrito *El Primer Sexo,* ¿habría encontrado tantas cosas que censurarles a ELLOS?)... Y masoquistas.

Hasta cierto punto.

Porque si *El Segundo Sexo* armó semejante jaleo no fue tanto por el acierto de las tesis desarrolladas (¿quién reconocería sin rechistar que cargamos con tal cúmulo de taras?) cuanto por la severidad, qué digo, la maldad de las declaraciones hechas contra las mujeres. Mil hojas de insultos... Mucho que tragar para un solo sexo. Aunque sea el segundo. No lo soportamos. «¿Somos nosotras esas que pinta con rasgos tan innobles?», nos preguntamos. «Muy bien, ahora verá. Vamos a demostrarle, como dos y dos son cuatro, que no somos las tontorronas que describe. Rebelémonos, hermanas mías. Mostrémosle qué pie calzamos, de qué somos capaces.»

Curiosa paradoja. En el fondo, si Beauvoir alcanzó su principal objetivo, empujar a las mujeres a tomar el poder, a liberarse de dos mil años de esclavitud, fue gracias al insulto, el desprecio y el escupitajo en la cara. Les dijo: «Fuera, no os quiero nada». Sólo que ella no cultivaba la litote. En una palabra, las traumatizó. No emprendió su obra capital por amor a su sexo. Ni por espíritu bondadoso. Ni siquiera por piedad. Sino porque le avergonzaba pertenecer a él.

Más adelante otras feministas más amables empezaron a trenzar guirnaldas de flores para celebrar el gozo de ser mujer. Compusieron odas a la hermandad entre mujeres, se embriagaron con la dicha de tener una vagina, un vientre lleno y redondo, senos y, sobre todo, de no tener cojones, como salmodió durante un tiempo Annie Leclerc, con muchos trémolos en su pluma: «Ver y sentir la sangre tierna y cálida que mana de una misma una vez al mes es maravilloso. Ser esta vagina, ojo abierto a las fermentaciones nocturnas de la vida... es maravilloso».* Hoy lloramos de risa. La sonata a las reglas, el himno al ovario, el canto de amor al flujo, se nos antoja pasado de moda, trágico, sin valor. Sentimos vergüenza ajena por el autor. Sin embargo, ¿cuántas de nosotras se precipitaron a leer este libro chorreante de humores, que sigue siendo uno de los puntos de referencia de la lucha de las mujeres?

Beauvoir se negó rotundamente a decir o escribir ese tipo de cosas. Lo suyo era el estilo fuerte. Su juego, la carta de las reprimendas. El tipo de madre «severa-pero-justa» que dice a sus hijos toda la verdad, aunque no siempre haga gracia escucharla («Hijita, eres fea y tonta, pero con muchos esfuerzos —y yo, tu madre, te ayudaré— quedarás más o menos presentable»).

La cosa está que arde**

Pasemos por alto la forma cuando menos ambigua que utilizó Beauvoir para despertar a las mujeres. Si el fin justifica los medios, habría que tener una absoluta mala fe para no reconocer que desencadenó un proceso

* *Parole de femme*, Grasset, 1975.

** Del fr. «*Le torchon brûle*»: después de mayo del 68 las feministas, decepcionadas ante la actitud de los hombres de izquierda, que sigue siendo machista, emprenden una campaña contra la mentalidad machista en general, sin identificarla ya con la derecha. Editan una revista feminista titulada *Le torchon brûle*. Significativamente, lo que arde es un «torchon», es decir, un trapo de cocina. *(N. de las T.)*

irreversible. Otras tomaron el relevo. Las feministas, las más audaces de esas mujeres que no soportaban ni el desprecio beauvoiriano ni la dominación machista, decidieron organizarse para hacer reaccionar a sus congéneres.

Entonces se empezó a masticar la revuelta.

Entonces aparecieron Betty Friedan, Kate Millet, Germaine Gree y tantas otras jóvenes airadas, que construyeron los cimientos de la Iglesia feminista en Estados Unidos con sus gruesos «tochos».

En Francia, Mayo del 68 hizo saltar el polvorín. Pronto le siguió el MLF, Antoinette y las demás. Y luego Gisèle (Halimi), Benoîte (Groult), Françoise (Giroud), Evelyne (Sullerot), Hélène (Cixous), Xavière (Gauthier) y todas las que convirtieron el caballo de batalla de la lucha feminista en su lema.

Entonces empezaron a verse cosas increíbles, cocineras que hervían de ideas, secretarias que se rebelaban, madres que se largaban, sujetadores puestos al revés u ofrecidos en auto de fe e incluso un ramo de flores depositado bajo el Arco del Triunfo en honor a la mujer del soldado desconocido, «Siempre más desconocida que él». Vimos organizarse manifestaciones, firmarse manifiestos, a personajes célebres desfilando por la calle (Seyrig, Moreau, Lafont, etcétera). La bandera rosa ondeaba sobre las ollas. La esclavitud tocaba a su fin.

«Pero bueno, ¿qué es lo que quieren?», se preguntaban los hombres sorprendidos, después irónicos, después, por fin, asustados, antes de declararse —qué remedio— absolutamente «afectados» por el tema.

«Pero ¿qué es lo que quieren, a fin de cuentas?», preguntaban también las otras mujeres, yo, vosotras, nuestras amigas, que mirábamos de lejos, pero muy interesadas.

Todo. Lo querían todo. Probar que no eran pichoncitos histéricos confinados en el hogar. Reclamaban en bloque el trabajo liberador y el sexo gozoso, rechazaban la coacción de la herencia materna: coquetería, maquillaje, matrimonio, apariencia, familia, etcétera. En sus cestos de mimbre, bajo sus cabellos teñidos con henna, se hallaba en desorden el gran revoltillo de los años setenta, en los que todo explotó.

Nosotras, las peatonas, empezamos a examinar de cerca, con el rabillo del ojo, esta alegre exhibición que nos conmovía en lo más hondo. Aun cuando para protegernos de lo que presentíamos sería un gran desbarajuste comenzábamos a menudo nuestras frases con un: «No soy feminista, pero...».

Ellas trabajaban para nosotras, escribían para nosotras, pensaban y luchaban para nosotras. Incluso sus excesos nos eran útiles (desde luego, nadie quiso nunca castrar *de verdad* a quienquiera que fuera del campo opuesto, pero imaginarlo era un desquite fenomenal). Como mujeres que éramos, nos hallábamos en el centro de la atención. Y una marchita por aquí y una petición de nada por allá... Y una librería de *Mujeres*, periódicos de *Mujeres*, lugares para *Mujeres*, palabras de *Mujeres*... Ojo con el que en lo sucesivo se olvidara de contar con las *Mujeres*. El aire parecía más puro, el cielo era nuestro, cada día ensanchábamos un poco más nuestros límites. Descubríamos la solidaridad, la amistad, el calor humano. Codo con codo, por fin nos crecían las alas. Existíamos. Y esto no tenía precio.

Al contrario que Beauvoir, nuestras liberadoras afirmaban que éramos divinas, inteligentes, perfectas —y sus palabras sonaban tan dulces...—, que poseíamos mil cualidades inherentes a nuestro sexo y que teníamos que descubrirlas. Preconizaban al mismo tiempo la igualdad y la diferencia, lo cual algunas veces nos dejaba perplejas. Cualquiera lo entiende... A la vez que luchábamos para obtener las mismas ventajas que nuestros compañeros masculinos, descubríamos extasiadas que, a pesar de todo, no éramos iguales y que, sobre todo, había que evitar la confusión. Ellos no tenían más que un pene, del cual se servían a lo bruto, sin entender nada. Nosotras, tan refinadas, contábamos con otros triunfos en nuestros cuerpos. Ahora nos tocaba jugar con ellos.

Dorada, la píldora...

Porque en la misma época, y todo iba mezclado, conquistamos también la libertad sexual. Una de las llaves para abrir nuestras cadenas. Con la píldora, que llegó en 1967 (gracias a Margaret Sanger, pionera del Birth Control en Estados Unidos, gracias a Lucien Neuwirth, padre de la ley del mismo nombre). Y ocho años más tarde llegó la ley Veil, que autorizaba la IVE —interrupción voluntaria del embarazo— (gracias a las 343 desvergonzadas que confesaron en un célebre manifiesto fechado en 1971 que habían abortado, gracias a la abogada Halimi que llevó la defensa del proceso de Bobigny en 1972, gracias al Planing Familia, al MLAC,* etcétera).

Gracias a las polemistas, a las manifestantes, a las militantes, a las hechiceras, a las sinvergüenzas, a las encandiladas con su propio cuerpo. Sin vosotras quizá seríamos aún abortadoras.

Ni esta libertad ni la del trabajo la quisimos tener a medias. Por fin pudimos hacer el amor sin miedo a procrear, sin el paso obligado ante el juez o el cura. ¡Al séptimo cielo, sin paracaídas! Sobre la marcha habíamos ganado también la batalla del clítoris, el combate por el orgasmo, la guerra del punto G. Por fin pudimos escoger el día y la hora, decir *no* cuando *no* queríamos y *sí* cuando nos daba la gana. Nosotras, las condenadas del amor, nos habíamos levantado por fin. Y no queríamos ni oír hablar de que se nos acostara de nuevo sin nuestro consentimiento.

* MLAC: Movimiento para la libertad del aborto y la contracepción.

Éxito, aquí estamos

Libres de la angustia del matrimonio-callejón sin salida y de los niños no deseados, pudimos consagrarnos a nuestra recién estrenada pasión, el éxito en el trabajo.

Beauvoir, una de las primeras, lo había tenido claro. Para cada uno de los males y los defectos que, según ella, padecía la mitad de la humanidad, la dama del turbante proponía un truco. Una solución radical para obtener al fin la tan ansiada igualdad. «Un mundo en el que los hombres y las mujeres fueran iguales sería aquél en el cual, las mujeres, educadas y formadas exactamente como los hombres, trabajarían en las mismas condiciones.» (Excelente intención que nos desespera desde hace cerca de veinte años. Cf. el capítulo «Executive Mamma».) Así pues, nos precipitamos por las brechas ya abiertas y, entre todas, las ampliamos. La elección era restringida. Oficios subalternos u oficios subalternos. Para cada puñado de jefas (bautizadas marimachos por la raza masculina) había innumerables oficialas, mujeres oscuras y hasta sin grado. ¿Cuántas licenciadas en Medicina, Derecho, Economía, etcétera, una vez acabados sus estudios y bendecidos por hermosos esponsales, han preferido dedicarse a «sus labores»?

Llenas de coraje tomamos por asalto un bastión tan nuevo, arramblando con todos los diplomas, abalanzádonos como todo un batallón al llamado de nuestras mariscalas, trocando sin vacilar nuestro puesto en el hogar por un buen sitio en otra parte. Al principio, con timidez. No era fácil luchar contra milenios de ideas preconcebidas, demostrar que nosotras también podíamos ser las mejores con tal de que se nos proporcionaran los medios. Y luego llegaron Anne Chopinet, que fue la primera en ingresar en la X, Françoise Chandernagor, primera en su promoción en la ENA.* Y empezó la avalancha. En lo sucesivo las licenciadas se negaron a servir el café. Exigían que se las empleara en primer lugar por lo que *sabían* hacer y no por lo que se *suponía* que sabrían hacer... Las demás se las arreglaron con los medios de a bordo. Para empezar, lo más urgente era salir de casa. Respirar el aire de la libertad.

Hacer lo que fuera, incluso vender manzanas. Al cabo de un tiempo (y tras muchas trabas puestas por los hombres, que miraban con muy malos ojos esta competencia recién surgida), las más audaces se convirtieron en jefas de la sección de manzanas. Después, fruto de su encarnizada labor, en dueñas del almacén de manzanas. Que posteriormente ampliaron para fundar su propia cadena de tiendas de manzanas.

Porque, por supuesto, no podíamos contentarnos con poco. Necesitábamos más para probar (probarNOS y probarLES, porque muchos de ellos aún pensaban que el sitio de Cenicienta estaba en primer lugar ante el hogar), que no sólo nos las arreglábamos solas como las personas mayores sino que, además, triunfábamos. Con *sus* métodos, que remedábamos a falta de tiempo (o valor) para inventar otros. El poder a punta de falo o de sus sustitutos (autoridad, violencia, peleas y cía...).

Todo esto en veinte años. Una ascensión a la vez fulgurante y demasiado lenta. De repente pasamos de la edad de piedra a la era nuclear, de Lascaux a Chernobil. Y las radiaciones nos alcanzaron hasta los huesos. A fin de cuentas, en lugar de reinventar un mundo a nuestra imagen, más humano, más tolerante, más cálido, tomamos lo peor del de los hombres, a quienes hasta hace poco todavía tachábamos de enemigos naturales. Nos pasó, ¡ay!, lo que le ocurre a todo opositor que derroca un régimen demasiado dictatorial: recuperamos, a menudo amplificándolos, los peores defectos del reyezuelo destituido.

Pero tardamos en darnos cuenta. Preferíamos sabo-

* Escuela de Altos Estudios Políticos. *(N. de las T.)*

rear el fruto de nuestros logros presentes y por venir. Y los años setenta, brillantes, desmelenados, felices, desfilaron como una sola mujer. Caminamos por ellos cogidas de la mano, unidas, hacia la gran noche, en la que todos los hombres serían hermanas.

Llegó el momento de poner las cosas en su punto

Sólo después de habernos abierto el camino, después de habernos atraído con el señuelo de tantas hermosas promesas —la muerte de la familia, de la pareja, el final de la mujer objeto—, después de habernos aplaudido y animado, habernos hecho gritar y rabiar «por un pimiento, por un tomate y por una pastilla de chocolate», las feministas —y el feminismo— dieron marcha atrás, de forma subrepticia, pero con firmeza.

Poco a poco, la hermandad de las mujeres quedó pasada de moda. Las *Mujeres* se hartaron de estar permanentemente fuera de sí y les entraron ganas de firmar el armisticio. Una vez terminada la guerra, las jefas se reconvirtieron, como sus *alter ego* masculinos, y se pusieron a favor de la revolución del intercambio con los derechos del hombre (¡del hombre!)... Así que nos dijimos que si las más puras y duras se cambiaban de chaqueta, no había ninguna razón para que nosotras, las seguidoras, prosiguiéramos tan lanzadas. Sobre todo porque eso de correr con zuecos no era demasiado práctico. Y, por otra parte, ya estábamos bastante liberadas así. Un poco más y rozaríamos la sobredosis.

De modo que relegamos al trastero todas sus hermosas palabras junto con los cestos de paja y las faldas bordadas. Dejamos el martillo y nos pusimos otra vez las pestañas postizas. Volvimos a aprender a movernos como una Marilyn que, además, hubiera conservado la sapiencia de Beauvoir. Y empezamos a hacer juegos de manos con el ordenador, el *otro* mercado y los ETS (Enfermedad de Transmisión Sexual). Desde luego, también la época es responsable de este frío repliegue, de esta sustitución de las *groupies* por las *yuppies*. Los años ochenta, compulsivamente arrojados al centrismo, han recobrado la afición por la buena cocina y el encanto de los tacones de aguja, los buenos y viejos valores adaptados al gusto actual (Trabajo, Familia, Tapie),* la castidad y la fidelidad (gracias, SIDA), y han descubierto el discreto encanto de la cohabitación (la izquierda ha penetrado en los secretos de la Bolsa, el mundo de los «verdes» y el de los ejecutivos; la derecha se ha iniciado no sin estremecimiento en el tejano, los muebles desmontables y el concubinato). De repente, también nosotras sentimos nostalgia de los maridos que (todavía) no habíamos encontrado, de las casas que (todavía) no habíamos amueblado, de los bebés que (todavía) no habíamos fabricado.

Desde luego, continuamos nuestro camino sin pena ni gloria, con la libertad como meta. Pero con la vaga idea de que nos faltaba un eslabón.

Adelante las machas

Al lanzarnos ciegamente así a la carrera y al sexo, eliminando el resto —familia, marido, hogar—, forjamos toda una armada de mujeres sin tíos, de *machas*, que ponía los pelos de punta a la raza masculina. Seductoras, inteligentes, independientes, pero solas, que se encuentran en la estacada, acorraladas entre aspiraciones contradictorias. La satisfacción de haber logrado llevar

* En sustitución de «Travail, Famille, *Patrie*», que era el lema de una Francia desecha después de la Segunda guerra mundial. *(N. de las T.)*

a buen término la vida que querían y la soledad que (a menudo) corre pareja con ella.

A los veinte años, estimuladas por nuestras Amigas, las Mujeres, todas nos obsesionamos con la carrera de los diplomas, de los trabajos y la idea fija de limitar el amor a un solo gran amor. Tras un brillante éxito profesional y algunas decenas de amantes después (en general, hacia la treintena), la supervivencia de la especie y el deseo —en resumidas cuentas muy natural— de fundar un hogar, hicieron que sintiéramos un cierto vacío en el alma, una curiosa sensación de que se nos encogía el corazón al ver a nuestras amigas, más horteras o más feas que nosotras, casarse con el primer tecnócrata que llegara y observar con una sonrisa boba cómo se les dilataba el ombligo. ¡Ay y tres veces ay! Hubiéramos tenido que empezar antes.

La mujer-libre-pero-sola se convirtió de repente en un hecho social y advirtió, de mala gana, que no era la única libre. Hay millares en su caso. Y no precisamente millares de Pericas de los Palotes. Millares de abogadas, dentistas, médicas, cuadros superiores, arquitectas, etcétera, que un buen día, al pasar del límite de edad descubrieron que su tique de encanto ya había caducado. O, al menos, no era suficiente. Las estadísticas lo demuestran: el 24 % de las mujeres con cargos directivos están solas, contra el 10 % de las obreras. Un 24 % de imbéciles superdotadas que creyeron ciegamente que un diploma cotizado y un salario estupendo servirían como pasaporte a la felicidad.

«Según un estudio procedente de las universidades de Yale y Harvard, una mujer mayor de treinta años tendría tantas oportunidades de encontrar un marido como de perecer en un atentado terrorista.»* Balance desolador. ¿Habrá que alegrarse de que hoy se multipliquen los atentados terroristas?

Otras han conseguido remontar la cuesta, pero han acabado como cabras. Reteniendo el aliento, han dado

* *Le Point*, abril 1987.

el salto y han acumulado carrera, marido(s), bebé(s), amante(s), casa(s), y sus previsibles consecuencias... Melodía de todos sabida. Están acorraladas. Tanto las «enchuladas» como las solteras. Aunque no de la misma forma.

Y tanto las unas como las otras han caído en la trampa del nuevo discurso dominante, que se desprende directamente del de las feministas y lo reemplaza por completo. El mito de la Mujer Perfecta. Unas lo desean, otras lo viven, pero todas corren tras él como locas para intentar alcanzarlo. Un mito alimentado con regularidad por la gente de los medios de comunicación, los observadores sagaces, los sociólogos de periódico, los sondeos, etcétera.

«Hoy», dicen a coro, «las mujeres lo quieren todo, lo saben todo, pueden hacerlo todo». Y se felicitan por ello.

Según ellos, la lucha de las mujeres se ha terminado definitivamente. Aunque no todo se haya solucionado de verdad.

«De acuerdo, no lo habéis conseguido todo, pero es que no se puede tener todo, ¿no? Y además, fijaos, con lo que ya tenéis habéis traumatizado a los pobres tíos. Los infelices nunca se reharán de que les hayáis cortado las "cosas" para escaparos mejor. Así que dejadlos en paz de una vez. Después de todo, vuestra libertad es *problema* vuestro, no de ellos.»

Bueno, ¿adivináis qué pasó? Cerramos el pico.

¿Dónde han ido a parar las feministas?

Cabía esperar, sin embargo, que las feministas, aquellas que al liberarnos nos llevaron por el mal camino, nos sacarían del avispero en el que nos habían metido ¡Qué va! Hoy, cuando más las necesitamos para que nos defiendan: fuiiit, se han hecho humo.

Porque Friedan, Greer, etcétera, que, como cada quisque, han entrado en años, mantienen ahora un discurso demasiado prudente en el cual se encuentran, como por casualidad, los temas dominantes del decenio: familia, castidad, pareja, matrimonio. Frialdad ambiental a tono con la época.

Lo menos que puede constatarse es que sus palabras han experimentado un cambio radical. De la forma más burguesa del mundo, queman lo que adoraron, abjuran sin el menor complejo de lo que defendían ayer. Germaine Greer escribía en los años sesenta en su prefacio a *La mujer eunuco*: «Este libro quisiera ser subversivo. El moralista tradicional protestará contra el rechazo de la sacrosanta familia, la denigración de la maternidad y la sugerencia de que las mujeres no son monógamas por naturaleza». Y veinte años después afirma en una entrevista concedida a *Elle*: «Creo que para una mujer, tener una casa agradable es algo válido, es una obra de arte. En cuanto a la carrera, es posible que llegue a darte la llave del cuarto de aseo de los jefes, ¡pero del de aseo, nunca pasa del de aseo!».

Y Betty Friedan, hace un mea culpa total: «Mi obra *La mujer engañada* no expresó en su justa medida las satisfacciones que nos aportan nuestro hogar y la maternidad... Las feministas que denigran la familia están en desacuerdo, desgraciadamente, con la mayoría de las mujeres...».

Es trágico comprobar cómo extinguen las incendiarias los fuegos que antaño habían encendido con sus enaguas, hoy bordadas a mano. Ver a las brujas transformarse en unas abuelas, a las gamberras reparar su virginidad, a las teóricas de la revolución jurando sólo por su cacerola y sus nietos. Después de habernos seducido nos han plantado como esos vulgares calcetines por zurcir que antiguamente nos suplicaron que abandonásemos. Traicionadas. Hemos sido traicionadas. Y es imposible desandar lo andado, apoyar sus nuevas viejas ideas. Aun cuando estemos de acuerdo, hemos avanzado demasiado como para dar hoy marcha atrás.

Hasta las instituciones con M mayúscula, como Mujeres, se han disgregado en el espacio. De una secretaria de Estado para la Condición femenina, Françoise Giroud, a una ministra delegada para la Condición femenina, Monique Pelletier, pasando por una ministra de los Derechos de la Mujer, Yvette Roudy, hemos llegado hoy a una simple delegada para la Condición femenina (¿hay que ponerlo en mayúscula, todavía?), Hélène Gisserot, a quien nadie conoce.

¿Qué? ¿Que no hay ni una que levante la voz, ni una que nos saque de apuros? ¿Ni una que amotine a la muchedumbre, que aúllc que hoy es peor que ayer, aunque en apariencia sea mucho mejor? ¿Ni una que nos grite «¡Cuidado, peligro!», y nos explique que estamos chifladas?

¿Ni una que vocifere contra este perfecto número de equilibrista que interpretamos día a día sin esperanzas de tregua? ¿Ni una que denuncie los efectos perversos de esta liberación que nos ha conducido al último grado de la esclavitud, aunque al fin parezcamos libres? Pues no, han renunciado. Han hecho la maleta y han tomado el portante. Han desaparecido bienes y personas, suponían quizá que ya no tenían nada más que decir.*

Y nosotras, que habíamos creído en ellas como creímos en el Nuevo Hombre, hemos quedado escaldadas. Con aceite de oliva. ¿Será al fin y al cabo la cocina nuestro primer destino?

* Pueden suscitar una ligera esperanza las NFA, las nuevas feministas americanas, siempre (un buen trecho) por delante, que quieren acabar con el «mito contemporáneo de la Super Mujer». Pero ¿cuántas son? ¿Un grupo? ¿Un grupúsculo? ¿Y cuántas tendrán que ser antes de despertar las conciencias de todas las que creen que la fatalidad se ha abatido sobre ellas? ¿Y que hay para rato?

II

Culpa del Nuevo Hombre (y del antiguo...)

Paradlo todo en las revistas,
nuevo Hombre, tweed y fichas de cocina,
pero si digo esto, rompo mi imagen,
sería una lástima estar en paro
a mi edad.
Quiero cuero
y no *peep show*, algo palpable,
quiero tetas grandes, grandes culos,
quiero cuero.

ALAIN SOUCHON, 1986

Siempre el humor

«Mentira, soy de mentira», reconocía —ya— Souchon en una de sus mejores canciones. Mirada mimosa, sonrisa burlona, con el aspecto frágil y demasiado tierno de un eterno bebé, Alain Souchon, llamado la Souche,* era el perfil tipo irresistible de la invención feminista del siglo: *el Nuevo Hombre*. Un antimacho-malvado, un valiente y blando osito de peluche al que había que acariciar siguiendo la dirección del pelo, la antítesis de Tarzán y sus hermanos.

* La Souche: Tocón de un árbol talado. *(N. de las T.)*

Cantaba *Tengo diez años* y nos fundíamos como el chocolate Menier de su merienda. Lloriqueaba aquello de *Hola, mamá, pupa* y de pronto había una especie de Tirita en el aire. Nos abalanzábamos todas a cuidar de este hombrecito con el alma llena de morados, capaz de vomitar su merienda porque su Lily lo había plantado. Este Nuevo Hombre.... Habíamos soñado tanto con él. Por algo nuestras *stars* de esta época, aparte de él, se llamaban Woody Allen, Serge Gainsbourg, Dustin Hoffman, Richard Dreyfuss y cofrades. Pequeños, feos, narices torcidas, mal afeitados, mal hechos, de músculo blando pero fuertes en te quiero, superdotados torpes y encantadores que ostentaban sin complejos su fragilidad, su timidez, sus fisuras. Y si bien conjugaban lo mejor y lo peor con el humor, detestaban hacer rimar ternura y blandura. Todo para gustar. A las mujeres. Porque, por instinto, con una intuición endiabladamente femenina, se habían pasado al bando bueno. Al nuestro.

Este Nuevo Ideal Masculino que apareció a comienzos de los años setenta nos hacía reír y desmadejarnos. Nosotras, que tanto habíamos despreciado a sus congéneres, tiranuelos de toda índole, recuperábamos la esperanza.

Con él construiríamos un Mundo Feliz, liberado al fin de sus relaciones de fuerza. Seríamos amantes, amigos, cómplices. En una palabra, complementarios. Amábamos ya estas mitades nuestras, a estos mutantes a los que el combate por nuestra liberación había librado también de sus cadenas.

Al menos al principio.

Fin del Hombre Tierno. Vuelve Rambo

Porque la Verdad, en la práctica, era otra muy distinta. Nos equivocamos con respecto a la persona. Es decir, esa persona no existía. ¿Ha existido de verdad, al fin y al cabo, este Nuevo Hombre que deseábamos fuera tierno, tranquilizador, enamorado, encantador, atento, en resumen, dotado de todas las cualidades necesarias para hacer de él un príncipe azul? ¿O, en resumidas cuentas, no era más que una dulce ilusión, un espejismo, surgido de nuestros cerebros en plena ebullición? ¿Y amplificado, como siempre, por el eco de los medios de comunicación?

Hoy, cuando ese Mundo Feliz se ha vuelto a dejar para mañana, la pregunta sigue en pie. Casi se ha resuelto. La especie, demasiado frágil, no ha sobrevivido. Hasta Souchon nos ha traicionado. El amable cantante se ha convertido en un duro enfundado en chupa de cuero, en un obseso de las tetas. Abajo lo natural... El abominable Rambo acude al galope, totalmente decidido a reemplazar al Hombre Tierno, al «hola, mamá, pupa».

Sin embargo, al principio todo iba muy bien. Creíamos a pies juntillas en este nuevo tipo de hombre diferente a sus padres que habíamos tenido que inventarnos para sustituir al antiguo, lamentable en nuestra opinión.

Estábamos hasta la coronilla del macho, vamos, del falo, del sinvergüenza, del sado, del misógino, del tiranuelo. Del padre abusivo, del follador loco, del marido celoso, del amante si-te-he-visto-no-me-acuerdo, del mujeriego y del ligón de fondo, del Casanova de chez Castel, del don Juan de extrarradio, del señor Músculo, del Señor Limpio, del «chuleta», del macho-de-bar de baja estofa que lleva en bandolera desde hace milenios su pretendida supremacía hereditaria sobre el sexo llamado débil. Todo en ellos era *genéticamente* superior a nosotras, desde las neuronas hasta los testículos, desde los bíceps hasta la cartera. Durante mucho tiempo, a sus ojos, no tuvimos alma. Sólo pechos, nalgas, un culo, un conejo, reservados para su uso exclusivo de propietarios. Y además un corazón, desde luego. Del cual, para ser generosos, nos concedieron de mala gana el monopolio. El de las novelas de cuatro cuartos, el de los folletines, el de las historias de modistillas que hacen llorar [a Margot, confróntese Brassens]. ¿Su consigna? «Sé hermosa y cállate.» Hermosas plantas, pero en jarrones; sólo servíamos para que se nos regara.

Y luego, un buen día, las eternas mudas empezaron a hablar. ¿Cambiábamos? ¿Nos movíamos? Ellos también tenían que despertarse. Si no, chau, peleles, y hasta nunca...

El fruto del verdugo y de la víctima

Al principio, por venganza, pensamos en boicotear sin distinción de razas a todo lo que llevara un pene. Los excluimos de nuestros juegos, de nuestros grupos. Todos nuestros males procedían de ellos. Todos. ¿Trabajo mediocre? Culpa de nuestros estudios de secretariado en Pigier, mientras ellos estudiaban *su* medicina. ¿Salario apenas mínimo? Culpa del jefe, que concede los aumentos a las Marie-acuéstate-aquí. ¿Soledad? Culpa de estos brutos que no saben amarnos. ¿Menstruaciones? Culpa de Dios (otro misógino) que no nos creó iguales a Adán. Y el resto por el estilo.

Había suficientes recriminaciones como para llenar los veinte tomos de la *Encyclopediae* más los *addendae*. El MLF bramaba. Los héroes se habían convertido en ceros a la izquierda.

Ellos se pusieron en guardia. Y esperaron que pasara la tormenta. Al mismo tiempo se preguntaban qué podían inventar para recuperarnos, porque corría prisa.

Estaban hechos papilla, pero se obstinaron. Y tímidamente, muy suavemente, el Hombre Nuevo, como el Beaujolais del mismo nombre, hizo su aparición.

Era joven, fresco, y estaba completamente traumatizado por el feminismo. No se sentía orgulloso de ser el fruto del verdugo y de la víctima, el hijo del opresor y de la oprimida. Una mezcla extraña que alborotaba sus genes.

Tanto más cuanto que sus maestros, Tiíto Sigmund y Tiíto Karl, le hacían mordaces reproches sobre los errores de sus padres. Se preguntaba con ansiedad cómo podría redimirlos.

Fácil. Sólo había que cambiar el rumbo. Acercarse a la otra orilla. La de las mujeres. Y eso fue lo que hizo.

Se dejó crecer el pelo, hizo gala de chales, joyas, ropas rosas y malvas, perfumes, sederías. Se maquilló los ojos con *khol* y se tiñó el pelo con *henna*. Junto con su porte, también su vocabulario empezó a cambiar. En lugar de *tetona*, *polla* o *guarras* se oyeron palabras curiosas y raras como *ternura*, *dulzura*, *emotividad*. Aprendió a tejer, a tocar la flauta, a trabajar el cuero, a comer productos biológicos, a vivir en comunidad, donde fabricaba quesos de cabra para vender en el mercado, a hablarle a las estrellas, a las flores y a los bebés. Sus valores dominantes fueron en lo sucesivo la paz, la vida y la ecología. La guerra era el gran enemigo. Incluida la de los sexos.

Al mismo tiempo nosotras recorrimos el camino inverso. Asumimos todos los defectos que tanto detestábamos en ellos. La agresividad, la violencia, la ambición, el egoísmo, el arribismo, la falta de escrúpulos, para avanzar en este mundo masculino, que hicimos nuestro. Elizabeth Badinter no tuvo más remedio que constatarlo: «Mientras unos querían construir un mundo menos agresivo en el que la competencia fuera menos cruel, las otras se presentaban ahora como temibles competidoras. [...] Ya no eran sólo ternura y abnegación sino también ambición y egoísmo».*

Estaba claro. El uno se acercaba a la otra. Estábamos hechos para encontrarnos. Pero sólo nos cruzamos.

Lástima. Porque nos gustaba bastante el nuevo modelo. Incluso mucho. Pero, sin duda, estábamos enamoradas de una imagen, de un cliché que duró lo que duran las modas, apenas unas temporadas. Muy dulce, nada quejica, hacía el papel de modesto, de tímido. No

* *L'un est l'autre*, ed. Odile Jacob.

era el *señor Sabelotodo,* nos dejaba desplegar nuestra recién adquirida sabiduría (los fusibles y la rueda del coche) y tenía el buen gusto de no ayudarnos.

Cuando nos invitaba a cenar a la luz de las velas, se endosaba el delantal de *chef.* El *chile con carne* o el *pollo al curry* (recetas traídas, junto con el cubrecamas malva de tela india, de sus numerosos viajes) no tenían secretos para él. E incluso si la cita amorosa era en nuestra casa, él, bien amaestrado, se precipitaba a quitar la mesa y lavar los platos apenas engullido el último bocado.

En cuanto a la cama, había progresos. Sobre todo para nosotras. Desde luego, teníamos que llegar a nuestra cuota de orgasmos reglamentarios, vaginales y clitoridianos (con las cifras en la mano, graciosamente suministradas por las revistas femeninas), para admitir que se desenvolvía bien en la cama. Algunos listillos se aprovechaban de su fragilidad recién adquirida para entusiasmarnos con el rollo de la avería. Sexual. Transformadas para la ocasión en damas psicólogas-psiquiatras, el *sine qua non* de los setenta, investigábamos juntos, mientras nos pasábamos el porro, si habría sufrido un traumatismo violento en *algún momento* del pasado.

De todas formas, si *eso* no funcionaba, nadie hacía de ello una montaña. Se decía adiós y hasta la próxima. Quizás.

Porque la pareja había muerto. Matada por un exceso de amor. Y no queríamos reconstruirla bajo ningún pretexto. Nuestros *grupos de mujeres* nos bastaban. Sus *grupos de hombres* lo saciaban. Allí hablaba de cosas misteriosas (seguramente de nosotras, como siempre) que no tenían nada que ver, al menos así lo esperábamos, con la cerveza, la amistad viril o el fútbol. Por otra parte, él odiaba el fútbol. Otra mentira descarada. Hoy, cuando ya no les da vergüenza mostrarse tal como son de verdad, ¿qué Antiguo Nuevo Hombre aceptaría perderse ningún partido válido para los octavos de final? También le daban náuseas los coches grandes, los puros, las corbatas, todo ese viejo fárrago de la virilidad que les gustaba a nuestros padres.

Ropa nueva con «trapos» viejos

A veces, entre dos mea culpa, todos ellos provocados por nosotras, todos ellos calcados del mismo modelo: «He sido un cerdo durante siglos, pero ahora se ha terminado, lo prometo, lo juro, nunca volveré a hacerlo», nos decía: «Te quiero».

Y empezábamos a soñar.

A reconstruir la Vida sobre nuevas bases. A hacer ropa nueva con «trapos» viejos, los de la cotidianeidad. «Yo compro los lunes», «Tú lavas los platos los martes», «Los miércoles cada uno sale por su lado». Porque nos parecía que la Fidelidad estaba superada (lo cual no impide que nos duela igual que antaño cuando llegaba en sordina y en calcetines a las tres de la mañana, oliendo al pachulí de otra). Hubo tormentas, sí. Nadie era perfecto y él menos que nadie. Pero, cegadas por el amor, aún estábamos seguras de poder mejorarlo. Su torpeza, más que irritarnos, nos conmovía: «Se le pegan los tallarines, sí, pero al menos pone manos a la obra».

Eran los comienzos, el amor loco, cuando vivíamos de pan y de rosas y, poco a poco, tanto el uno como el otro nos olvidamos de traerlas. Ponía una buena voluntad tan conmovedora en hacerse útil que en cuanto insinuaba el gesto de mover el dedo meñique nos precipitábamos a ayudarlo, como madres amantes pero un poco impacientes. Entre risas o protestas, según nuestro humor del momento. Y él se dejaba hacer, en el fondo aliviado de que se lo mimara así (la especie *Castor Junior,* tótem «Yo lo hago todo», debidamente homologada, era aún muy rara).

Con el paso del tiempo, la ayuda de la naturaleza y el

estímulo de nuestras madres, nos entraron ganas de tener niños. Ya lo decía mamá... Tanto más cuando las feministas, nuestras supermadres, no las desmentían. Y, además, había que poner manos a la obra de prisa para procrear antes de la cuarentena. Por la vergonzante injusticia de que, sean cuales sean los progresos de la ciencia, tengamos —por ahora— poco más o menos veinte años para fabricar bebés.

Además, muy en el fondo de nosotras apuntaba el deseo de un *sweet hom(m)e* y de zapatillas, de queridos angelitos cuyo nacimiento siempre se retrasaba por culpa de la falta de tiempo y la minipíldora. Así que dimos luz verde a la maizena y a los peleles.

Habíamos madurado. Habíamos avanzado mucho en el camino de nuestras ambiciones. Ellos también. Se habían cortado el pelo, guardado monos y flautines y se volvían a poner corbatas, sólo para tener un aspecto «serio» en el trabajo, primer indicio flagrante de su cambio de chaqueta.

El Primíparo

Juntos, deseábamos perpetuar la raza.

Entusiasmadas como estábamos, inventamos después del Nuevo Hombre al Nuevo Padre (que pronto se convirtió, ya que el uno implica al otro, en el Nuevo Pampère).* Al mismo tiempo que exigíamos, desde luego, que siguiera siendo el *Superman* con quien en el fondo soñábamos. Porque no lo teníamos todo claro.

Empezamos a incubar. Los dos. No quiso perderse nada, desde la primera ecografía, debidamente pegada en el álbum de familia con el pie «Édouard al mes»,

* El Nuevo Pampère: juego de palabras con Pache (Père) y Pamper (nombre de una marca de pañales). *(N. de las T.)*

hasta la primera patada del bebé («Será futbolista», decía con aire extático y la mano puesta sobre nuestra redonda barriga). Se entusiasmaba como nosotras ante las camisitas con corazones rosas, se sentía implicado en la decoración del dormitorio, una sabia mezcla de Ikéa y Bonpoint, se aprendía de memoria todo Pernoud, Dolto, Cohen-Solal y Brazelton y subrayaba con rotulador las frases capitales. El capítulo 27, «La estenosis del píloro en el niño de pecho», le provocaba largos accesos de angustia. «¿Y cómo sabremos que la tiene?», nos preguntaba entre dos insomnios...

A veces lo sorprendíamos con un oso de peluche en los brazos, chocheando como si el niño —Théodule o Marguerite— estuviera ya en su cuna. Llegaba incluso a entrenarse con los de los amigos; el fin de semana invitaba, muy animado, a sus ahijados, sobrinos o hijos del vecino para constatar, agotado pero satisfecho con la experiencia, que su educación sería más liberal. O menos. En todo caso, mucho mejor.

Cuanto más avanzaba nuestro estado de gravidez más solidario se sentía, se inventaba para él solo una nueva palabra, *incubada*, que englobaba todos *sus* síntomas de *nuestro* embarazo. Por cualquier motivo se sujetaba el vientre, vomitaba la cena, engullía dos tabletas de chocolate seguidas con el pretexto de un antojo irresistible, o se acostaba a nuestro lado abrumado de cansancio. Algunos perfeccionistas llevaron el mimetismo hasta el punto de aumentar de peso.

En las sesiones de parto sin dolor, él, el único vientre liso en medio de una veintena de barrigonas, conquistaba la admiración de la comadrona, que daba el curso casi para él solo. «Bueno, mi querida señora, su marido, al menos, coloca bien la pelvis.»

Toda esta solicitud, hay que confesarlo, nos exasperaba una pizca. Nos hería el amor propio. Nos sentíamos desposeídas, ligeramente estafadas. Después de todo, él no era la futura madre... Pero no osábamos susurrarlo por miedo a cortar de raíz sus buenas disposiciones.

Al fin llegó el día D. Él sabía reconocer mejor que

nosotras la contracción anunciadora de la Gran Marcha hacia la maternidad. Pero la perspectiva inminente del niño a punto de venir lo aterrorizaba. Ya no tan orgulloso, vacilaba, mientras aseguraba que estaba muy tranquilo.

Uno de ellos, incluso, se durmió mientras su mujer, con la maleta en la mano y en el umbral de la puerta, le pedía que se despertase. Otros se las arreglaron para perderse el nacimiento, saliendo de viaje dos horas antes del inicio de las operaciones: «Te lo aseguro, cariño, estaré aquí mañana. De todas formas, no sales de cuentas hasta dentro de dos semanas». Y entonces el bebé, para mostrar de una vez por todas que sólo haría lo que no se esperaba de él, decidía presentarse con mucho adelanto.

Durante el parto, si bien algunos se deshincharon y volvieron a lo clásico, fumar en el pasillo y morderse las uñas, muchos, por el contrario, hicieron exactamente lo que se esperaba de ellos. Cuando hubo que empujar, empujaron; respirar, respiraron; contar, contaron; expulsar, expulsaron; léboyer, leboyaron.*

Lloramos a coro, cogidos de la mano, con la mirada hundida en el hoyuelo de Gustave, tiernamente acurrucado contra nuestro pecho.

Los comienzos del nuevo trío fueron idílicos. Si se exceptúa el retorno inmediato de la Maternidad que dejó a más de una Nueva Madre derrengada. Entre los alaridos de Marion porque el seno maternal —más agrietado que *les Grandes Jorasses*— no la alimentaba con la suficiente rapidez, y su Nuevo Padre recién estrenado, que gemía en su cama con 40° de fiebre (*daddy blues* evidente), hubo que hacer frente a la situación. Urgentemente. Como si nada hubiera pasado. Sprintar como un gamo del uno al otro sin favoritismos, por miedo a una recaída aguda en la crisis.

Pero muy pronto las cosas volvieron a su *verdadero*

* Léboyer: nombre de unas modernas técnicas de parto sin dolor, que la autora aprovecha, como es su costumbre, para hacer un juego de palabras. *(N. de las T.)*

sitio. El NP puso pañales, talco, dio biberones y esperó el eructo a todo trapo. En fin, cuando podía. Se hizo insuperable en cuanto al precio de los Pampers, la sopa de zanahorias y los mimos de la noche.

Nosotras, encantadas, proclamamos por todas partes que había sucedido. Que habíamos ganado. Que el Nuevo Padre era como una ganga de verdad. Estábamos hechizadas. Él aún no se creía que se hubiera adaptado tan de prisa al personaje. Era enternecedor ver juntos al Nuevo Hombre y al niño, tan torpes los dos.

Se lo tomó en serio, en gran parte porque le gustaba y un poco por la galería. La moda se apoderó del tema y se le consagraron tesis, novelas, artículos. Las revistas sacaron tajada. «Cómo di a luz», «He vuelto a casa», «Soy un padre-madre», etcétera. Se vieron fotos suyas en todas las portadas, con el bebé en brazos (confróntese Gérard Holtz, vivaracho periodista deportivo, posando en la primera página de *Télé 7 jours* con su recién nacido y con un aspecto aún más orgullosete que una joven parturienta). El papá-gallina, este curioso pájaro llamado también pelícano, había nacido.* Sólo faltaba enseñarle a volar.

El cine, como un águila, se abalanzó en seguida sobre el pelicanismo. *Kramer contra Kramer, El complejo del canguro* o la celebérrima *Tres hombres y un bebé,* para no citar más que éstas, son un buen ejemplo. Y salieron anuncios como churros: hicieron suyos los frunciditos, los potitos, las galletitas, los barquitos, eternamente reservados a las mujeres desde la invención de la maternidad. Hasta el sacrosanto embarazo plagiado por el papá del bebé Cadum,** que está en todas las vallas publicitarias de Francia y que lleva en brazos al fruto de su vientre.

Así pues, se disecó, entrevistó y sacralizó al Nuevo Padre. Porque este eminente bebólogo tenía una opi-

* El papá-gallina era el protagonista de un serial televisivo. El pelícano, según dice un poema, si no encuentra comida para sus crías se abre el estómago y les da sus entrañas (lo cual es falso, por otra parte). *(N. de las T.)*

** Cadum: marca de jabón. *(N. de las T.)*

nión formada sobre todo lo que concernía a su pequeño. Pecho, cuando lo pidiera (sin hablar, desde luego, de cómo nos animaba con un ininteligible «pobre, cariño, eres muy valiente» cuando nos levantábamos cada dos horas por la noche para sustentar al monstruo); temperatura del baño (nunca confesaba que le daba demasiado miedo bañarlo él mismo); paseo cotidiano (cuyo cuidado y organización dejaba para los demás).

Nos robó el protagonismo y lo permitimos, medio celosas, medio divertidas, conscientes de obrar por el bien de los niños y de la humanidad. Al fin y al cabo, los psidiatras no cesaban de repetírnoslo, con Dolto y Brazelton a la cabeza: «Un niño cuidado por su madre y por su padre es más competente, inteligente, espabilado, equilibrado, en resumen, más feliz que los otros». Elemental, querido Sigmund. Y además, aunque aún había que hacer algunos progresos, reconocíamos que el Nuevo Padre nos aliviaba un poco. A pesar de todo, es más fácil educar a un niño entre dos, y nadie puede afirmar lo contrario.

Nuevo Padre, existencia efímera

Desgraciadamente, a medida que el Nuevo Padre se hizo habitual, que el Señor-vulgar-y-corriente supo, al menos en teoría, distinguir al primer vistazo el *buen* pañal impermeable del malo, se echó para atrás. Poco a poco, el niño creció y el Nuevo Padre envejeció. Se desprendió de su hermosa imagen. Ésta se convirtió en un cliché, válido solamente para el álbum familiar. Papá paseando a Bebé, Papá acunando a Bebé, Bebé acariciando a Papá. Tenemos toneladas de estas fotos tan bonitas rondando por los cajones, a la espera de ser clasificadas. Por fin. Y para siempre.

Porque el hombre de nuestra vida se hundió bajo la

tarea y soltó las riendas: le iba mucho en ello. «¿Frágiles por un lado y asumir todo por el otro? No estamos locos, dijeron. Sólo somos débiles hombres. Vosotras sois tan maravillosas, queridas... Espabilaos.»

Que abdicaran así, de tan buena gana, de una supremacía secular, olía por fuerza a chamusquina. Pero no lo entendimos en seguida, ronroneantes como estábamos bajo cumplidos vergonzosamente demagógicos: «Mi mujer es todo un tío» o «¿Mi esposa? Un caudillo». Tras los cuales, si hubiésemos tenido una pizca de sentido común habríamos oído: «Cuanto más hace, más puede hacer y más me apoyo yo en ella, mientras la animo para que siga por ese camino».

Lo hicieron bien, los hombres. Era de buena lid. Y nos engañaron. Programadas para combatir a los machos, nos encontramos luchando contra Peter Pan. No extirpamos el mal desde la raíz.

¿Igualdad en la pareja? Vale. Pero en seguida nos convertimos en las menos iguales de los dos. El Nuevo Hombre resolvió a su manera la nueva repartición de las tareas: lo gratificante para él, el resto para su admirable compañera, esto es: «Ocúpate de todo, que yo haré el resto».

El Nuevo Padre, una vez que desapareció el atractivo de lo desconocido (el biberón de la noche dado entre mimos al primer vástago, el traserito limpiado con euforia: «Huele a caquita el culito de papá»), casi se volatilizó con el segundo niño para hacerse prácticamente inexistente con los que le siguieron. Intentad despertar a un antiguo Nuevo Padre cuando al benjamín le duelen los dientes por la noche... A duras penas consiente en sacar el tren eléctrico.

Desde luego, tener un padre que juega con ellos es mejor que nada. (Incluso si jugamos más que ellos: con el mismo trabajo y, para ser más mezquinas, blandiendo las cifras, ellos consagran ochenta minutos semanales como media a los tesoritos, treinta de ellos para jugar. Nosotras, siete horas bien completas, sin contar las horas dedicadas a pulir su bienestar: compras diversas, inscripciones, etcétera.) Pero nosotras, que lo queríamos todo, nos hemos caído con todo el equipo. Es cierto que en caso de fuerza mayor el NH se las arregla perfectamente sin nosotras —aunque gruña—. Pero en la cotidianeidad es verdaderamente deseperante tener que repetirle *todo todos* los días, como si nosotras fuéramos el jefe y él, el ejecutante. Lo cual nos halaga el ego, pero nos come el coco. Y como cada día trabaja un poco más, sus razones para escabullirse le parecen irrebatibles. Mientras tanto, si Raphaëlle tiene que operarse, somos nosotras quienes anulamos dos días de trabajo. No él.

Y hemos acabado por contentarnos con esto. Entre suspiros, pero forzadas a actuar para evitar el desastre. Admiramos al Nuevo Hombre por lo que sabe hacer y ya no nos quejamos de lo que no hace. Y henos aquí, como nuestras madres, como nuestras abuelas, de vuelta al Antiguo Orden de cosas. Con un pequeño plus, un espolvoreo estilo años ochenta, una brizna de humor, una forma diferente de hablar a los niños, tres pellizcos de pipí-papá-rorró, algunas piruetas para impresionar a la galería. Pura fachada.

Al final, el Nuevo Tipo es una dulce estafa. Farol, humo, un camelo. El mutante ha seguido siendo arcaico. En el mejor de los casos ha conservado del Nuevo Hombre sólo los defectos. «Mamá, pupa» al menor lío, frágil hasta romperse, y cuenta con nosotras para recoger los pedazos. En el peor, ha vuelto a ser lo que nunca había dejado de ser, un macho. De Nueva Tendencia, sí, para hacer tragar mejor la píldora. En definitiva mucho ruido y pocas nueces.

La copa está llena

La pregunta queda en pie. ¿Por qué se ha producido este fracaso? ¿Tienen miedo de nosotras? ¿Miedo de no ser al fin y al cabo tan indispensables, ya que de hecho podemos asumirlo todo? «Cuando los hombres constatan que las mujeres son capaces de asumir dos papeles con éxito sale a la luz uno de sus temores inconscientes: ¿Será acaso que el sexo llamado débil es en realidad el sexo fuerte?» (T. Berry Brazelton.)*

¿Les entra el canguelo de que se los coman enteros las castradoras, las mantis religiosas en que nos hemos convertido, según ellos? «Al mismo tiempo que reconocen de buena gana la legitimidad de las reivindicaciones igualitarias de las mujeres, muchos las sienten como una insoportable amenaza a su virilidad.» (E. Badinter.)**

Es extraña esta desbandada generalizada, esta huida hacia adelante estilo «Corre detrás, que te pillo». Angustiados con la idea de perder su sacrosanta virilidad prefieren recobrar el mundo tal como era, sin comprender muy bien que es difícil dar marcha atrás. Que, en todo caso, nosotras no retrocederemos.

Lo peor es que esta regresión alcanza a tres hombres de cada cuatro. Casi todos. Padres y solteros, libres como el aire y casados de por vida. No hay distingo. Pero hay una constante en la rendición. «Cuando los hombres refunfuñan ante la repartición, rompen el contrato de solidaridad y reprocidad, cimiento de la vida conyugal... Cuando las mujeres gozan de una relativa independencia, les interesa mucho eso de divorciarse.» (Elizabeth Badinter.)***

Evidentemente, cuando el Nuevo Hombre desaparece poco a poco en provecho del antiguo, las Super Women se niegan a asumir más responsabilidades. Prefieren sin duda tomar las de Villadiego que tener otro niño por cuidar (el 70 % de los divorcios actuales los solicitan las mujeres). Porque en nuestros días el amor se basa en el toma y daca: «Si me ama, lo amo». Si la

* *Op. cit.*
** *Op. cit.*
*** *Op. cit.*

repartición se torna desigual, una toma el portante. ¡Y peor para ellos! Ellas se saben todos los papeles y todas las triquiñuelas. Sus hombres, si no están a la altura, no son más que los zánganos de la reina. A la basura. (Estamos en una época terrible, en la que se tira a hombres y objetos una vez consumidos. Peor que antes, quizá, cuando la pareja no se separaba por el bien de los niños. Ya no se sabe qué es más triste, si estas parejas que trasudan odio y aburrimiento y que nunca han tenido nada en común. O estas que al primer tropiezo se separan, sin intentar nada para arreglarse.)

Pero ¿no será que estas mujeres subestiman lo irreemplazable? El Amor, siempre él. (En dos mil años de investigaciones sobre el tema no se ha inventado nada nuevo.) La vida en solitario a menudo es difícil, aun cuando se sepa hacer de todo. De modo que vuelven a bregar para encontrar otro Super Tío, retorno a la casilla de salida. Porque aunque se sabe lo que se deja, no se sabe lo que se encuentra. Cuando se encuentra. La incomprensión mutua suele ser de rigor. Los hombres, escarmentados, adoptan una actitud más precavida. Las mujeres exclaman: «Ya no quedan hombres». «Se han convertido en moluscos.» «Se dejan llevar por la corriente, no nadan. Nos tienen miedo.»*

Ellos responden: «¿Quedan mujeres todavía? A fuerza de defender sus derechos han olvidado que entre éstos estaba también el derecho a ser felices». «Quieren que seamos fuertes y viriles, pero sin ser machos; enamorados, pero no celosos; presentes, pero no pegajosos; firmes, pero tolerantes. Piden mucho.»**

Mucho para un solo hombre. Es verdad que si bien ellos practican en altas dosis la sana política del «Ánimo, huyamos», nosotras somos, con respecto a ellos, muy ambiguas. No soportamos que se queden rezagados. Queremos que sean los mejores, los más inteligentes, los más ricos, los más seductores, pero también los más

* *Op. cit.*

** *Elle*, julio 1986.

amables, los más cómplices, los más enamorados y los más camaradas. Especímenes de feria, a la vez Super Men y Ositos de Peluche. El retrato robot del hombre ideal está perfectamente dibujado en nuestras mentes. ¿Ambiciosas? Quizá. Pero ¿cómo no vamos a ser exigentes con ellos, cuando nos hemos vuelto tan exigentes con nosotras mismas? Nosotras gruñimos, pero nos acomodamos a los nuevos modelos. Ellos prefieren irse por la tangente.

He aquí por qué el Nuevo Padre se larga, el Nuevo Macho se abre. Pero quizá, a trompicones, quedan aún algunas (nuevas) parejas felices....

III

Culpa de la publicidad, de los Malos Ejemplos y de los medios de comunicación

Tengo suerte, mi imagen resulta. Cinco niños, una pareja sonriente, mi éxito gusta.

CATHERINE PAINVIN
P.D.G de Tartine et Chocolat*

Ellas se promocionan (demasiado) bien

Da el golpe con Rodier, cambia de tío como quien cambia de camisa, lo quiere todo con Lesieur.** La mujer-anuncio de los años ochenta ha dejado el *Pronto* a su mujer de la limpieza, abandonado el pañal al padre de su niño y se lo pasa en grande. Lo mismo en el avión que la lleva a El Cairo para hacer un reportaje —«en directo, tío»— que en el capítulo gran amor en Danieli, Venecia, con el «Divo de su vida» (en el bolso siempre el

* *Femme manager, spécimen d'avenir*, Florence Lautredou, ed. Carrère-Michel Lafon, 1987. (P.D.G.-Presidenta Directora General. [*N. de las T.*])

** Leisieur: marca de aceite que utiliza la frase «Lo quiere todo» en su anuncio. *(N. de las T.)*

desodorante sin el cual la Vida Activa no sería lo que es).

Su alter ego, la de las revistas, corre desde la mañana con Paso Decidido Hacia Su Destino, con la cartera —repleta de expedientes claves— haciendo juego con su traje sastre Mugler, *Libération* o *Le Monde* bajo el brazo (otro síntoma de la época, la Top Model tiene de ahora en adelante un Top Cerebro), le sale la pasta fresca hecha en casa mejor que en las propias Fichas de Cocina, maneja con el dedo meñique de uña impecablemente pintada (cf. sección belleza, el artículo «No se levante con el pie izquierdo, cuídese las manos») el índice del Dow Jones (cf. sección economía, «Haga de la Bolsa su (segundo) mercado») y la relación vitaminas-calorías del pan integral (cf. sección dietética, «Me gustan las cosas auténticas»). Y se apasiona por *todo*, ya que todo gira alrededor de ella. Niños, belleza, moda, pareja, decoración, psicología, vida práctica, etcétera. Habladme de mí, es lo único que me interesa. Porque según el muy conocido refrán de las redactoras jefe, todas las mujeres son ego-[céntricas].

Su prima hermana, el modelo superior o Mal Ejemplo (*Jane Birkin, Anne Sinclair, Michèle Barzah, Jane Fonda, Agnès B,* etcétera), completa la familia de las mujeres perfectas y perfectamente «mediatizadas». A la vez tan cercanas a nosotras y tan inaccesibles, estas quintaesencias de Super Women que han absorbido, digerido y adaptado a su propio estilo el feminismo y sus accesorios, lo hacen todo con una sonrisa impecable y un discurso *ad hoc,* como si jugaran con las dificultades de la Existencia, cuando en realidad bregan —al menos hasta cierto punto— como las demás...

Porque de Meryl Streep —telefoneando a Nicholson para esclarecer un punto del guión de *La quemadura,* con la benjamina aullando sobre su falda y las dos mayores destripándose a sus pies bajo la mirada extraviada de la chica *au pair*— al común de los mortales, es decir, a NOSOTRAS, no hay gran diferencia. En principio el argumento es exactamente el mismo. En principio. Está el darse pisto para la galería (al «Cómo se las arregla para conciliar su vida de actriz, de madre y de mujer», pregunta planteada por su entrevistador cretino, todas ellas responden con una gran sonrisa con un «Muy sencillo, basta con organizarse»). Y está la brutal verdad, que aparece una vez se ha cerrado la puerta del *sweet home* tras el periodista, ya muy lejos para escuchar los alaridos que por fin resuenan libremente en esta radiante familia.

Pero al contrario que nosotras, ellas, alegres, radiantes, en blanco y negro o en colores, a doble página o en la pequeña pantalla, dan de la mañana a la noche la impresión —exasperante— de que su vida no tiene ningún patio trasero donde se acumulan y lavan los trapos sucios mientras se masculla que a una la habían programado para otro tipo de existencia. Sólo un patio ajardinado lleno de rosas cuyas espinas, lejos de causar dolor, les sirven como aguijón en el momento oportuno.

Y nosotras, pobres tontainas, gregarias y envidiosas, nos tragamos el anzuelo sin pensarlo y vemos a todas estas plus-cuamperfectas como un reflejo mil veces aumentado de lo que somos. O de lo que queríamos ser. Y soñamos con igualarlas, incluso con superarlas. Con ser a la vez Raquel Welch y Georgina Dufoix, la dama Rodier del anuncio y Jane Birkin, la chica bronceada y sin celulitis de la portada de *Elle* y la que prepara tan bien «el *buffet* verde y blanco para una velada entre amigos» en la página 143.

Y bregamos como locas, corremos para alcanzar a estas supercaricaturas nuestras. Hasta tal punto nos atenaza esa necesidad de consumir —la que nos hace comprar la nevera del anuncio, el jersey del maniquí o el periódico que descubre la intimidad de nuestras estrellas preferidas—, que también nos dan ganas de imitar a la del aviso publicitario, la superdespampanante tía que avala el objeto anunciado o aquella cuya vida sublime tanto podría parecerse a la nuestra.

Incorregibles, nos creemos a pies juntillas sus grandes declaraciones («Creo que la célula familiar es un elemento importante en nuestra sociedad, aun cuando implique algunos problemas», Meryl Streep),* sus vidas de ensueño exageradas y convertidas en mito por tantos periodistas, testigos subjetivos, que eliminan cuidadosamente todos los reversos de la moneda para presentar sólo su mejor perfil. El que, según creen, reclaman sus lectoras(es). Y por tantos publicistas *desfasados*, que siempre se anticipan a una mutación social.

Chicas de la publicidad

La publicidad, éste es el enemigo número uno al que hay que combatir. A causa de ella las mujeres liberadas se han convertido en una institución, un tabú inviolable. «La publicidad se adapta al movimiento de la época e incluso lo acelera, lo cual es curioso: las mujeres se han convertido en las locomotoras de la invención publicitaria» (François Cuel).** ¿Locomotoras? Más bien Trenes de Alta Velocidad, sí. Lanzadas a toda máquina, se necesitaría una catástrofe ferroviaria para detenerlas. Como la tal madame Rodier, modelada como una diosa, segura de su encanto y llena de aplomo: «Soy capaz de escribir un libro, pero no sé qué ponerme para ir a chez Pivot», o también: «Cada vez me veo más hermosa, quizá tendría que ir a un oftalmólogo». Es la *supermadonna* de los *spots*, el tornado blanco de la propaganda, la pasionaria del anuncio. «Madame Rodier actúa. No vacila, decide. Tiene un comportamiento absolutamente utópico en situaciones absolutamente prosaicas», escribe también François Cuel. ¿Utópico? Quizá. Pero cómo nos gustaría hacer lo mismo de vez en cuando, sólo para

* *VSD*, noviembre 1986.
** *Médias*, abril 1985.

reírnos un poco. Flirtear descaradamente con Eddy Mitchell en un gran hotel (puede sustituirse de vez en cuando por William Hurt o Jean Durand). O, en lugar de achantarnos por una tontería, parar un coche en la calle porque no encontramos un taxi que nos lleve a Roissy. «La mujer Rodier es un hombre disfrazado», añade François Cuel.

«Su plenitud las torna (a las mujeres) casi dominantes», dice Alain Poiré, director de la agencia Dupuy Saatchi, a propósito del anuncio de Lesieur «Lo quiero todo»* ¿Macho? Casi se les escapa esta palabra. En todo caso, nos hace reír, es atrevida, tiene descaro, tiene gancho, es una verdadera Super Woman. ¿Y por qué no íbamos a serlo nosotras?

Además están todas las otras, las intelectuales, las marisabidillas, las insolentes, las espabiladas, las sexy-graciosas. *Caroll*: «¿Mi Julio tiene un chul(i)o?». *Citroën*: «¿Revolucionario?». «No, dos de jamón canario», sin olvidar a la grandullona de *Vittel*, a quien uno no se puede imaginar ni por un segundo «e-va-cuan-do», la de los zapatos *JB Martin*, que «ha puesto un hombre a sus pies» y la pequeña *Dim*, que los pone a todos patas arriba.

Y a todo esto, ¿dónde está el hombre? *Exit*, fuera. Al trastero. El héroe sólo se desarrolla bajo los rasgos del Nuevo Hombre (véase el capítulo del mismo nombre), se desliza por la jabonosa pendiente de *papá Cadum* o de *Vittel*. «Soy blandito, estoy cansadito.» Si no, hace papeles de comparsa. De ahora en adelante, en la vida cotidiana, él carga con el trabajo sucio, lavar los platos (gracias, *Mini Mir*), la caca del pichurri (gracias, *Nouveau Pampers*, con su diálogo de una insondable estupidez), la comida (sobre todo cuando el gran *chef Ducros* se parte el pecho), etcétera. Por lo demás, el grueso de la acción, la de verdad, corre a cargo de las nuevas aventureras (si exceptuamos a los incorregibles Indiana Jones o James Bond, que venden acciones y

* *Images de femmes*, suplemento de *Le Monde*, mayo 1987.

pensiones gracias a su *look* de héroes y, a pesar de un ligero retorno al *homo musculus,* tipo *Total* o calzoncillos Jim.

Y la verdad es que estas mujercitas son colosales. Con la TP (talla de pecho) proporcional al CI (coeficiente intelectual), saben vestirse de modo que se realcen todos sus encantos, seducen con humor, tienen unos niños magníficos, unos tíos que quitan el hipo, trabajos en consonancia, y hacen frente a todo sin alterarse. ¿Cómo no vamos a sentirnos tentadas de parecernos a estas nuevas heroínas?

Casi hemos vuelto a la vieja y buena época del cine de mamá. Cuando las *stars* hacían soñar a las chicas, mayores y pequeñas, y todas, desde la vendedora a la dactilógrafa, lucían el oxigenado de Marilyn o el «melón» de la Bardot. Pero hoy los ídolos se banalizan. Preparan la *pasta al dente* ante el fotógrafo de *Match,* que casualmente pasaba por allí, y, sobre todo, ya no necesitan vivir escondidas para ser felices sino mostrar todo lo que son capaces de hacer una vez que han salido del trabajo. Y ahora los *spots* publicitarios y sus divas divinas sustituyen el culto a las películas y las *vedettes* son madame Rodier, miss Caroll y colegas.

Y nosotras somos sus blancos preferidos (es normal, nos encargamos de la compra), al mismo tiempo que sus *groupies* preferidas.

¿Peligrosas? Sí, lo son, porque nos arrastran por la pendiente «A mujer valiente, nada imposible» y otras acrobacias que la época ha decretado obligatorias. Todo lo más se les puede conceder circunstancias atenuantes, porque no son las únicas que nos animan con una mano mientras nos descorazonan con la otra...

Los Malos Ejemplos

Es curiosa la fascinación que sentimos por todas estas damas *pípols.** Fascinación por lo menos ambigua. Las admiramos, nos lanzamos sobre la menor entrevista, consideramos con ojo crítico y envidioso sus trapos, sus cuerpos, sus casas, sus hombres, sus críos, su empleo del tiempo, sus cifras de negocios. Es normal que nos hundamos. Lo hacen todo mejor que nosotras, incluso si por modestia o por pura demagogia afirman lo contrario. Y además son conocidas, reconocidas, los periódicos se las quitan de las manos. Están en todas las fiestas, en todos los sitios que hay que estar, sin que jamás unas ojeras, un pelo fuera de sitio o una ligera crispación cigomática tipo sonrisa forzada traicionen su cansancio o su hartazgo.

Exasperantes. Son exasperantes a fuerza de perfección. Incluso sus defectos, las debilidades que confiesan sin complejos, resultan sólo conmovedoras. Nos muestan el camino recto. El del trabajo loco, siempre recompensado por la pasta, el éxito, el reconocimiento social; el de la vida familiar armoniosa y la vida amorosa tumultuosa, que se dan la mano con toda naturalidad; el de la belleza tranquila o provocadora, aunque las más sublimes de ellas hablan siempre de «belleza interior» o de «espejo del alma» para evitar que sintamos celos...; el del equilibrio, el valor y todas las cualidades que ellas poseen por duplicado o triplicado. Obvio, ya que son *stars*...

Y nosotras, envidiosas como somos, nos morimos de ganas de hacer lo mismo.

Pérfidas, insidiosas, los Malos Ejemplos se reparten en tres categorías para seducirnos mejor. Las *easy life* o *stars de la cocina*, las «*camina o revienta*» y las «*tomad ejemplo*».

* Del inglés *people, stars* en boga. En jerga periodística española se pronuncia *pípol. (N. de las T.)*

Las «*easy life*» son las *Jane Birkin, Charlotte Rampling, Meryl Streep, Marie-France Pisier,* etcétera. *Stars.* De verdad. Magníficas, llenas de *glamour, sex symbols* a las que la mayoría de los tíos sueñan con acercarse una vez en su vida. Y cuando se les habla de *Je t'aime, moi non plus* o de *Portero de noche* responden con bebés-mermelada y cambian sin complejos la ropa interior sofisticada de la pantalla por el viejo tejano gastado de la ciudad y los proyectores por el aspirador.

Recuerdan como quien no quiere la cosa al embobado entrevistador que, además, leen y no sólo comics, se ocupan del jardín, cocinan y están siempre dispuestas a aceptar nuevos desafíos (Birkin: *La Fausse Suivante,* dirigida por Chéreau; Meryl Streep, seis meses de rodaje en Kenia para *Out of Africa*; Elli Medeiros: conciertos y promoción de disco, embarazada: Marie-France Pisier: películas, niños, romances encadenados, etcétera). Estas buenas alumnas sacan sobresaliente en todas las asignaturas, a la vez que salen con aquello de «Triunfo sin esforzarme». Al parecer, lo hacen todo como si jugaran, con una aparente facilidad. Al menos, ésa es la imagen que dan o quieren dar.

El ejemplo tipo: *Jane Birkin,* cuarenta años, aparenta treinta como si nada; tres niños de tres padres diferentes —la pequeña tiene cinco años, el mayor acaba de hacerla abuela—; hombres y no precisamente insignificantes, desde Gaisnbourg hasta Doillon, siempre perdidamente enamorados de ella; cine (una película al año); canción (una actuación con éxito en Bataclan); una casa encantadora que aparece fotografiada con frecuencia en las revistas: la cocina bellamente decorada al estilo inglés, el cuarto de baño-tocador con plantas, fotos de familia y frascos antiguos, en resumen, una atmósfera cálida de una estudiada confusión donde da gusto vivir. Más la belleza, el humor, la generosidad, la ternura y el inimitable acento *british,* que se trasluce en cada entrevista. Una SW como quien no quiere la cosa, así, como si nada. No se extiende sobre la cotidianeidad, no se queja de tener que cambiar a Baby Lou o ayudar a Charlotte a hacer sus deberes. Todo lo suyo es fluido y natural.

Y a nosotras, lectoras y fans, se nos despiertan las ganas de que nos salga divinamente el pudín, como le debe de salir a ella, de servirlo en bonitos platos de porcelana, como debe de servirlo ella. De hacer que nuestros niños sean pequeños genios sin ser monos de imitación, como deben de ser los tres suyos (cf. Kate, estilista, Charlotte, actriz ya *cesarizada* y cantante ya *discodeorizada*). Y al mismo tiempo nos juramos que incluso a la edad respetable de la Abuelita Nova seguiremos, como ella, llevando bambas con un tejano gastado y, como ella, haciendo soñar a los hombres. A todos los hombres. Mientras tanto, ella nos hace soñar a nosotras.

En la misma serie encontramos a *Meryl Streep. Star* mundial, actúa con los más grandes, Redford, De Niro, Nicholson, etcétera, sin que eso trastorne en absoluto su hermosa cabeza de rubia equilibrada. Un marido escultor al que parece adorar, tres nenes que adivinamos hermosos y rubios y a los que lleva consigo a los rodajes, lo tienen todo y lo es todo. Cálida, alegre, buena madre, buena esposa... (Fantaseamos un poquito sobre las relaciones que debe de tener con sus parejas cinematográficas, pero, después de todo, es de buena lid, no somos de piedra, ella tampoco y el Don Gummer de su marido tiene que cerrar los ojos si no quiere arriesgarse a perder esta maravilla.)

Al contrario de Jane Birkin, ella cuenta con más facilidad su vida de todos los días, cuyos aspectos triviales y domésticos presenta como si se tratara de un cuento de hadas renovado sin cesar. «En Salisbury puedo ir a comprar con toda libertad, pasear sin tener que preocuparme por mi aspecto físico» (hay que decir que es necesario ser una estrella para encontrar maravilloso el pelo desgreñado y el viejo jersey pasado de moda de los días de mercado...). A duras penas se queja y cuando lo hace es para decir que sí, es complicado, pero bueno, siempre acaba por arreglárselas... Nos imaginamos muy bien cómo pasa sus días cuando no rueda, sin maquillar, con bambas y chándal blanco en su casita de Connecticut, «de la que no sale más que para comprar en el hipermercado con un carrito y para acompañar a su prole al colegio».* Antes de volverse a convertir unos días después, con motivo de la entrega de los Oscars, en la *Star* que conocemos. Para este tipo de equilibrista, lo mejor de lo mejor consiste en hacer de su vida cotidiana un arte.

Las «camina o revienta». Son de lujo, por supuesto. Es el segundo modelo. Las *Anne Sinclair* y colegas, las *Michèle Barzach, Christine Ockrent, Agnès B, Catherine Painvin,* P.D.G. de Tartine et Chocolat, *Marion Vannier,* P.D.G. de Amstrad, *Françoise Fabius,* etcétera. Éstas no son bombas sexuales, aunque en general son bonitas y rebosan encanto. Más bien se puede decir que tienen el discreto encanto de la burguesía, son tranquilizadoras con sus pequeñas imperfecciones, sus tres kilos de más, sus pequeñas miserias que tan bien conocemos.

Porque ellas lo cuentan todo. Los 39,7° del benjamín, los paquetes de pañales en el dos caballos modelo Charleston, o la cena de su hombre que vuelve extenuado de un *meeting* a las tres de la mañana, cuando ellas se levantan a las siete para ir a trabajar (porque existe una categoría realmente admirable, la de las mujeres hiperactivas, esposas de políticos que, además de su propia carrera, tienen como principal preocupación empujar al elegido —de su corazón— lo más lejos posible en las más altas esferas del poder. Y mantenerlo allí).

Es el modelo realista y honesto que confiesa sus dificultades, pero continúa adelante. Cueste lo que cueste. Porque a fin de cuentas, la marcha, aunque reviente, es agradable. Al final hallan el Éxito *y* los Honores.

Pero el camino para llegar hasta allí es duro. Es la Super Woman llevada a su paroxismo.

Ejemplo, *Anne Sinclair.* Una simple lectura de su

* *VSD,* noviembre 1986.

agenda resume su desenfrenado recorrido de combatiente:* «Lunes 8:45, cita con un periodista de *Actuel*; 11:30, cita en Matignon para felicitar a Chirac; 12:30, almuerzo con el conde de París; 16:30, reunión de producción en TV 1; 18:30, ir a felicitar a Balladur, llamar luego al pediatra para vacunar a Elie, tres años, el benjamín, y también cita con el radiólogo y, además, cena fuera de casa». «Desde hace un año», dice el periodista, «lo de Anne Sinclair no es ya una carrera, es una maratón».

Basta sustituir conde de París, Chirac o Balladur por jefe de servicio, anunciante o cliente para que nos reconozcamos todas. O casi. Pero hay un *plus*. Anne Sinclair merece el título de Supersuper Woman porque sólo frecuenta a la flor y la nata. Todo lo que hace adquiere una dimensión mágica. Aunque intente disculparse: «Llevo la misma vida que todas las mujeres que trabajan. Una vida enriquecedora, desde luego, pero dispersa, desgarrada. Nunca estoy donde debería estar. Tengo una conferencia de redacción y mi hijo pequeño tiene 38°; paso de una cita con Chirac a la compra de una cazadora mientras pienso, ojo, toca dentista, pediatra; el próximo *Questions à domicile*. La indisponibilidad permanente. Al final, se diga lo que se diga, un hombre igual de fuerte se dedica a su trabajo y a nada más. Mientras que una mujer tiene varias vidas. Así que me levanto temprano, troto el día entero y vivo en mi coche».**

Lo que fascina a las mujeres es que Anne Sinclair vive la misma vida que ellas, lo confiesa, y se las arregla —aparentemente— muy bien. Lo tiene todo. Vida profesional, intelectual, familiar, conyugal, social y, sobre todo, éxito con E mayúscula, ya que acaba de ser proclamada *mujer del año*. Además es guapa, encantadora, simpática, humana. Son precisamente estas cualidades del corazón las que la tornan accesible, inagotable y, al mismo tiempo, sirven de base a su popularidad. Las

* *VSD*, enero 1987.
** *VSD*, enero 1987.

postulantes a SW, al verla tan próxima a ellas, con su encanto, sus redondeces, sus hoyuelos, su aspecto serio de buena alumna que también sabe ser traviesa, se dicen: «Si ella lo hace, yo también puedo hacerlo», o «Si ella consigue hacerlo sin una queja, yo también».

En la misma serie encontramos a *Agnès B*, cuarenta y cinco años, con el hermoso rostro puro de una comulgante que no hubiera envejecido, estilista, cinco veces madre (sus hijos se escalonan desde los veintisiete a los cuatro años) y dos veces abuela, dirige con mano de hierro bajo su aspecto angelical una de las empresas de moda más florecientes y en onda del país. Siete tiendas en París, otras tantas en provincias y en el extranjero, celebérrima en el eje Nueva York-Tokio, doce millones anuales de volumen de negocios. En resumen, es la Bussiness Woman que todo el mundo desea ser, con un *plus*, un matiz *hippie* que seguramente le sirve para ser insuperable en cuanto a mermeladas y esquejes cuando le apetece.

¿Su *look* en los medios de comunicación? El de una tímida, dulce y obstinada, que transforma en oro todo lo que emprende, y se permite además el lujo de tener niños (con distintos padres) y educarlos a la vez que trabaja. Una Executive Mamma de ensueño. «Aquí (en su casa) no hay niñera ni chica *au pair*», escribe Françoise Tournier en *Elle*.* «Tiene medios sobrados para contratarlas, pero prefiere permanecer cerca de sus niños. Vi marcharse a una mujer de la limpieza cuando llegó Agnès.» (Y derechazo a las pobres tontas como nosotras que se matan para poder pagar canguros y otras tatas. Super Agnès, *dixit* la periodista, puede hacerlo todo, ella y sus muchachos no sólo experimentarán el orgullo de tener una madre que triunfa sino que se evitarán el trauma de haber sido educados por otra...)

Más adelante: «Hace cuatro años que no sabe lo que es dormir una noche de un tirón. El biberón de Iris (la benjamina) o de Léonard, su nieto, el pipí de Aurore o la

* Septiembre 1984.

pesadilla de Arianne (sus hijas pequeñas). Está siempre al pie del cañón y le gusta». Y también: «Y además, no tiene bajones». Menos mal, porque verdaderamente uno se pregunta de dónde, Dios mío, iba a sacar tiempo para tenerlos. De todos modos se nos precisa que algunas veces se va a pasar un rato a la iglesia. Un refugio de paz, su respiro personal, el equivalente al punto de cruz de *Régine Desforgues.* (Otra Super Woman muy conocida, categoría edición, bordados, *best sellers,* hijos, nietos, asado de cordero el domingo y madona del sexo.)

Es inútil precisar que con respecto a esta rama nuestras dificultades van en aumento. Son como nosotras, clavadas, pero mil veces más competentes. De modo que ¿a qué estamos esperando para poner manos a la obra con los bordados y con una metafísica de regalo? Desde luego, estas incondicionales queman el mercado.

Las «tomad ejemplo». Es el último tipo, diferente pero igual de temible. Las *Jane Fonda, Raquel Welch, Sophia Loren,* etcétera.

Un modelo totalmente nocivo, como los dos anteriores, pero que al menos tiene la honestidad de avanzar a cara descubierta. Estas SW, reconocidas y orgullosas de serlo, ofrecen además con generosidad (viven de ello) en cassettes sus recetas para la felicidad: libros, artículos, clases, etcétera, a su fiel público compuesto esencialmente de mujeres. (En cuanto a los tíos, prefieren cobrar los beneficios de sus reglas de vida draconiana, es decir, comerse con los ojos foto a foto, por todas partes, los cuerpos esculturales de estas encarnizadas partidarias de la tonicidad.) No se puede abrir una revista, y no sólo femenina, sin encontrárselas, estrellas plácidas en familia o en el gimnasio, contando sus vidas hiperactivas sin que se mueva ni un mechón de su cabello cuidadosamente peinado mientras explican, apoyándose en clichés establecidos, sus tres-movimientos-básicos-para-conservar-las-nalgas-firmes.

Modelo tipo y, ¡ay, cuán exasperante!: *Jane Fonda.* Casi cincuenta años, aparenta treinta y cinco, por supuesto (pero asume sus arrugas), un cuerpo de ensueño, dos niños, un marido más joven e hiperenamorado a quien apoya en sus actividades políticas, una carrera internacional en el cine (va por su segundo Oscar), una multinacional del cuerpo dirigida a paso de marcha, y ritmo a tope en cualquier circunstancia.

Sí, Jane es sin duda la mujer excepcional que todos los Tarzán sueñan con tener por esposa. Además es honesta, directa, rotunda a la americana. Sana, vaya. Del tipo: «Anuncio a la faz del mundo que tengo un cáncer, pero me cuido». En las entrevistas consigue siempre colocar que no se la debe considerar SW a ella, que posee los medios para serlo y que ha escogido perseverar por esa vía, sino a todas las otras mujeres que deben asumirlo todo sin grandes medios. Desde luego, la creemos. Pero nosotras, las otras, al verla tan bella en su espejo, tan realizada a la edad en que otras empiezan a deslizarse despacito hacia una menopausia ñoña, nos planteamos algunas preguntas. Nosotras también queremos ser como ella. Y zas, no falla. Entre resoplidos y palabrotas, añadimos a todas nuestras actividades principales y secundarias el hueso del aerobic.

En el mismo molde (que debe haberse roto desde entonces porque ya no se fabrican cosas así) se encuentra *Raquel Welch.* Ella es la Gran Sacerdotisa de esta extraña secta que vigila sin tregua la menor pulgada de celulitis en un cuerpo pulido al máximo, miligramo más o menos (con él se gana el pan). Y elabora para nosotras, pobres retrasadas, extraños y mágicos regímenes de pan (integral) seco y agua. Y como se nos cae la baba otra vez por su delgadez, adoptamos el régimen de vaina de judía vitaminada, que acaba invariablemente en una orgía de Toblerones entre las seis y las ocho de la tarde; nos deslomamos en salas de gimnasia superpobladas en minimallot, exactamente el mismo de la fotografía. Lo fastidioso es que las dos imágenes (la suya y la nuestra) no resisten la comparación. En la suya nada sobresale de la cinturilla y todo, de los pies a la cabeza, está impecablemente bronceado, depilado, repasado, limado, aseptizado.

Con nosotras ocurre más bien lo contrario y nos coge la «depre» cuando, con la nariz entre las piernas, intentando sin éxito «flexibilizar todo esto», contamos los pelos que se han escapado a la maquinilla de afeitar bajo la ducha, las ostensibles venitas, los morados, las protuberancias y demás lindezas que nos impiden tener la pierna torneada estilo Raquel. Sin embargo, lo intentamos. Pero a la hora de la verdad, imitarlas, aunque sólo sea de lejos, se convierte en un trabajo de jornada completa.

Así que, yo, digo: basta, parad. Dejadnos un poco en paz, chicas. ¿No veis que nos hacéis más mal que bien al tirarnos a la cara vuestras mil y una cualidades que nos dan, por comparación con vosotras, las gloriosas, aspecto de estar en el baile compuestas y sin novio? Nunca os llegaremos ni a la suela del zapato. Por mucho que lo intentemos, vivir cuarenta y ocho horas sobre veinticuatro una vida rica y llena es demasiado para nosotras, pobres mortales. No somos ni biónicas ni mágicas. Somos unas Pericas de los Palotes como todo el mundo, aunque ardamos en deseos de ser más que eso.

Y además, por piedad, decidlo por lo menos, confesad de vez en cuando que para vosotras también es duro. Que las pasáis negras, que a veces lloráis en la cama antes de dormiros. Decídnoslo para que nos tranquilicemos, para que no tengamos la impresión insoportable, la angustia invencible, de que somos unas nulidades a vuestro lado. Así que confesad que eso de ganar veintitrés millonejos por mes a la cabeza de una cadena de TV sólo lo hace una, Christine. Y que para que se mantenga tan erguida en el asiento, sin desfallecer, otras personas se encargarán con más frecuencia que ella de mimar a su hijito Alexandre antes de dormirlo. Admitid que para conseguirlo os veis obligadas a menudo, aunque os duela, a sacrificar un elemento de vuestras Vidas Perfectas. Y que, por la fuerza de las circunstancias, casi siempre pagan el plato los niños (¿cómo podríais actuar de otra forma, a menos que fuerais sobrehumanas?). Al menos reconoced que para llegar a donde hoy estáis habéis tenido que luchar, esforzaros mucho, trabajar como esclavas, que aún hay cadáveres alfombrando vuestra ruta. No, no todo es de color de rosa como los peleles de Catherine Painvin. No, no todo es liso como los muslos sin un defecto de la bella Raquel. No, no todo es fácil. El éxito menos aún que el resto. Mantenerse en lo alto tampoco es pan comido. Entonces, ¡qué diablos, decidlo!

Pero, aunque todos estos Malos Ejemplos nos estropeen tanto la vida, no es sólo culpa suya.

Los otros responsables son los que nos los muestran del 1 de enero al 31 de diciembre, los que nos pudren la cabeza con consejos de todo tipo, los que nunca nos soltarán porque somos una mina de oro, un público de ensueño, sea cual sea nuestro estatus social, P.D.G. o secretaria, escritora o costurera. Leer *Elle* o *Prima* es exactamente lo mismo, guardando las proporciones. Nos atiborran de consejos y recetas para que siempre queramos hacer más, ir más lejos, llegar más alto.

La vida revista

De modo que las culpables son esas revistas femeninas que leemos siempre en la peluquería o en el dentista para *distraernos* (¿qué Super Woman una pizca farolera confesaría que compra *Marie Claire* en algún sitio, aparte de en el aeropuerto?), que durante todo el año, y a toda página, dan consejos, recetas, trucos para adelgazar, ponerse morena, tener las piernas bonitas, los brazos bonitos, hacer una misma la pasta fresca, redecorar el piso en dos pinceladas, etcétera. (Para ser totalmente honestas, desde que las revistas de actualidad buscan el gran público, *L'Observateur* publica artículos sobre regímenes y *Le Point* sobre los Nuevos Hombres, ya no podemos estar tranquilas en ninguna parte, a menos que nos abonemos sólo al *Financial Times* o *Pravda*.)

«Durante diez años se traumatizó a las mujeres con la moda. No se podía ser banal. Todo lo que se relacionara con la seducción se denunciaba como un acto de sometimiento. La generación del "Yo" ha aportado un deseo de seducción. La prensa femenina no tiene complejos y ha asumido plenamente su femineidad», declara Juliette Boisriveaud, redactora jefe de *Cosmopolitan*.*

«A partir de 1982, las publicaciones más reputadas efectúan un giro de 180°. Proclaman bien alto y con energía la muerte de la lucha de las mujeres y erigen como modelo una nueva mujer que ha sabido reconciliar femineidad y feminismo.»** La nueva mujer somos nosotras, eso lo sabemos. Así que debemos asumir nuestras responsabilidades. Y hacerlo tal como indica la prensa. Sin equivocarnos. So pena de reintegrarnos a la odiada categoría de las antiguas mujeres, que *sólo* eran femeninas. Nosotras somos femeninas y no tenemos complejos. Es un pequeño matiz. La prueba es que podemos preparar un curso universitario sobre «La historia del pensamiento económico» al mismo tiempo que nos secamos y marcamos el pelo y/o preparamos el pato con manzanas de la cena.

Es verdad que no hay nada más deprimente que leerse una detrás de otra las revistas preferidas (cuando mucho mejor sería consagrar esta hora y media de querida libertad a consolidar nuestro intelecto con el último Finkielkraut). *Elle, Marie Claire, Biba, Cosmo, Vingt ans* (sí, sí, por puro masoquismo), *Vital* (el horror absoluto, nuestro infierno cotidiano está lleno de sus buenas intenciones), *La Maison de Marie Claire*, etcétera, ¡no hay escapatoria! Y lo peor de todo es maltratarse con ellas justo antes del verano, cuando los regímenes para adelgazar salen a patadas (también los recuerdos —de

* *Echo de la Presse et de la Publicité*, diciembre 1986.
** *La Presse Fémenine*, «Que sais-je?», PUF.

las juergas— y los arrepentimientos). Y cuando, ¡ay, horror!, los cuerpos de las maniquís se desnudan.

Acabamos torturadas (por los remordimientos) ante nuestros michelines, deprimidas, destrozadas, anonadadas por todo lo que tendremos que *ser* para estar a la altura (delgadas, bronceadas, sin celulitis, inteligentes, cultivadas, sexy, etcétera). Y lo que tendremos que *tener* para estar en la onda (el último Magimix, el canapé de Andrée Putman, el trajecito ceñido de Lolita Lempicka, los mocasines de ante, las bambas Converse para Téophile, los trapos de los creadores de Les Trois Suisses, la última crema termógena para los muslos, etcétera). Sin hablar de las entrevistas a las Super Women de toda índole y de los concursos como el de *Elle* para glorificar a las mujeres competentes. Para no frustrarnos necesitamos una voluntad de hierro, un C.I. infernal y una billetera de Rockefeller. Más el tiempo necesario para que no quede nada por hacer.

Sin embargo, lo leemos todo religiosamente. Casi nos lo aprendemos. Y nos preguntamos por qué nuestro piso de cinco habitaciones no se parece a esa deliciosa casa del diecinueve (siglo, no distrito), amueblada de arriba a abajo estilo Napoleón III por Marie-Laure, de V... (tiene un marido banquero, un vago trabajo de media jornada como relaciones públicas en provincias y sus tres niños, con un *look* Boinpoint total, son educados por la niñera y una chica *au pair*). Y nos hundimos en el círculo deli(vi)cioso del cada vez más, saltamos del microondas (ver el nº 2146 de la sección práctica, «Pastas de té sobre canapés») a las cremas adelgazantes (ver sección belleza del nº 2365, «Pan con mantequilla para adelgazar»), de los pantalones superceñidos (desaconsejados para las que pesan más de 35 kilos y miden menos de 1,75 m), a las recetas sencillas para el verano («Conserva de verduras con gelatina y jugo de tomates enanos con albahaca y estragón»), preparada con mucho amor mientras los demás están ya en la playa.

Sin olvidar, por supuesto, todos los amistosos consejos ofrecidos por redactoras siempre preocupadas por vuestro bienestar: «¿Dónde están los hombres? ¿Cómo encontrarlos? ¿Retenerlos? ¿Mandarlos a paseo? ¿Son los niños del divorcio unos superdotados? Madre o producir, ¿hay que escoger? ¿Cómo ser una Super Woman eficaz?» La revista *Cosmopolitan* parece haber encontrado un comienzo de respuesta para esta última pregunta. Parece ser que hay en nuestro cuerpo una superhormona, la *noradrenalina,* que nos hace como somos, mujeres «aceleradas». Sin embargo, la periodista concluye prudentemente que sin or-ga-ni-za-ción la noradrenalina no sirve para nada. «Las mujeres aceleradas consiguen librar simultáneamente combates gracias, en primer lugar, a su supremo sentido de la organización. De este modo rentabilizan al máximo su carburante.» También tienen que autosugestionarse: «Las frasecitas dopantes "lo conseguiré", "soy la mejor", estimulan el proceso hormonal». Pero no necesitamos chutarnos con ningún «neuronosequé» para entenderlo. Hace muchísimo tiempo que estamos todas enganchadas al método de la autosugestión.

Super Alma

Alma (la vida, los niños, la vida), lanzada el año pasado, era la revista que condenaba a muerte a la mujer libre. La publicidad enseñaba la hilacha desde el primer número. «La mamá de choque, caballo de batalla de este mensual, se embellece con una mano; con la otra pinta de nuevo el dormitorio de los niños; con la boca besa al hombre de su vida; tiene un pie en las rebajas; el otro en el gimnasio; con la cabeza, la mamá de choque triunfa en el despacho; un ojo puesto en los deberes de los niños, una oreja para los mayores secretos de la tierra. El corazón le da para todo, es sin duda una mamá de choque.» *Alma* quería realizar la proeza de agruparlo todo en una sola publicación. Hasta entonces había revistas niños-padres, revistas femeninas subdivididas a su vez en categorías. En *Alma* se encontraba todo, como en la Samaritana,* porque esta publicación femenino-maternal, que creía saber por dónde iban los tiros (y el viento), se dirigía «a la mujer activa preocupada por el éxito de su vida en todos los campos».

Proyecto simpático, ambicioso, pero perverso. Tan perverso, por otra parte, que ni siquiera las más enganchadas, las más identificadas con esta esclava de lujo que es la mamá de choque, se dejaron engañar por mucho tiempo. *Alma* no sobrevivió mas allá del número octavo. Paz a su alma, pues, y sin ánimo de hablar mal de los muertos, reconozcamos a pesar de todo que el concepto de base era vicioso y viciado. Venía a decir que, en efecto, no todas las mujeres son las bonitas frívolas fascinadas por su ego (*Elle*), las currantes narcisistas y divertidas (*Cosmo*), las burguesas autónomas medio-Moudjahedine medio-Azzedine (*Marie Claire*), las BCBG centradas de nuevo en la familia (*Madame Figaro*), las pequeñas hadas del hogar (*Femme Pratique*), las mamá, pupa (*Parents*) que querrían hacernos creer que son. Son todo esto a la vez. *Alma* tendía un espejo apenas deformante a las locas de nuestra clase que corren de la mañana a la noche y casi no tienen tiempo de sentarse a hojearla.

Alma estaba allí para tranquilizarlas, para reconfortarlas en su empresa titánica, para decirles bravo, continuad, para mostrarles que no eran las únicas metidas en este embrollo. Y para ofrecerles el máximo de truquitos que, a la vez que les facilitaban la vida, les permitían hacer más, aún más. En resumen, las ligaba cada vez más estrechamente a su jaula, que no por ser dorada estaba menos cerrada. *Alma*, que se dirigía, por así decirlo, a las mujeres liberadas, era el último estadio de

* Tienda que data del siglo XIX y todavía existe, tipo almacén, con toda clase de productos. *(N. de las T.)*

la esclavitud femenina, el peor, porque estaba destinada a lectoras realizadas. En principio.

Cada número hundía un poco más el clavo. El de enero de 1987 tenía por título el siguiente eslogan: «Qué jefe es el adecuado, el de las ambiciosas y las madres-gallinas?». Respuesta: «El mejor jefe es una jefa». Se había rizado el rizo. Para ser a la vez madres, trabajadoras y todo lo demás, es mejor que nos lo hagamos entre nosotras, las mujeeeeres. Nosotras comprendemos mejor que nadie todos los problemas inherentes a nuestra condición.

El acabóse fue, sin embargo, una noticia de título evocador que venía en este mismo número 3, «La hija mayor». Ésta era una infeliz. Semilla de Super Woman, educada estrictamente por una mamá de choque, siempre apresurada, que ha conseguido hacer de su hija su digna heredera, una diosa hindú de treinta y seis brazos y una tonelada de sabiduría. Tema de la historia: catástrofe, la tata está muy enferma y hay que dejar con alguien a los dos pequeños. Decisión desgarradora: qué le vamos a hacer, la hermana mayor se quedará para ocuparse de ellos. Se señala sobre la marcha que no hay ni que pensar en contar con el padre (lo cual no hará más que reafirmar a este bienaventurado, si lee a escondidas la revista de su mujer, en la convicción de que ya no tiene que desempeñar ningún papel en la casa). Y tampoco se puede contar con el hijo mayor. También él ha integrado tanto el feminismo que se ha desintegrado por completo. Con respecto al Nuevo Hombre, no sabe lo que es, ni siquiera en sucedáneo.

Así que, como ya podemos figurarnos, es un drama corneliano para la madre, que se culpabiliza todo el día detrás de su escritorio. Vuelve como una tromba a casa después de las ocho horas reglamentarias. Pero, ¿qué veo? ¡Qué milagro! Su hogareña mujercita ha hecho la limpieza, el puré Mousline de los hermanitos, la cena para los padres, sus deberes y, además, esta niñita «de formales trenzas que no interpretaba un papel sino que cumplía una función con plena conciencia» se permite incluso el lujo de explicarle a su madre que por suerte ella está aquí para arreglar las meteduras de pata, porque mamá es como la tata: «se olvida de todo».

Edificante. Y a ver si comprendéis por qué la hija mayor dentro de diez años, mediante psicoanalistas, nos reprochará que nos hayamos comido su oxígeno y su infancia. Al menos, eso le deseamos, que no decida sencillamente abandonar, retirarse, apagar el motor y circular en bici.

Lo más curioso de esta historia es que gente seria, que estudió el lanzamiento de la revista durante dos años por lo menos, haya podido creer siquiera un instante que las Super Women se dejarían engañar por ese retrato, quizá exacto, pero desde luego insoportable, que la revista quería pintar de ella.

Pero no lo consintieron. Rechazaron esta imagen suya que, una vez más, las aprisionaba con el pretexto de hacer lo contrario. Y resulta bastante tranquilizador.

IV

Culpa nuestra

> Me caí al suelo,
> es culpa de mi madre,
> de narices al río,
> es culpa de Dolto...
>
> (Melodía conocida)

¿Culpables? ¿Aún más culpables? La lista no está cerrada. Los hombres, las feministas, los medios de comunicación, vale. Acabamos de ver hasta qué punto son responsables. Pero también lo son nuestras madres, claves involuntarias de nuestras contradicciones. Nuestros queridos *psidiatras,* Dolto, Brazelton, Pernoud y compañía, que nos culpabilizan tanto como pueden, so pretexto de tranquilizarnos. Sin olvidar, en otro registro, la generación *boss,* las drogadictas del *bussiness,* las partidarias del triunfo que han elevado el éxito a la categoría de bestia sagrada.

Y en este gran lamento, este concierto para protestas y cólera, hallamos aún una criminal de excepción. ¿Quién? Vamos, no nos hagamos las sorprendidas... Ya es hora de que pidamos perdón. De culparnos tres veces, de golpearnos el pecho mientras gritamos que el esclavista número uno es la Super Woman en persona...

Érase una vez un niñito Dolto...

¿Culpables, nuestras mamás? Pues sí. Si no nos hubieran inculcado a golpe de martillo desde nuestra más tierna infancia ciertos principios que todavía se nos pegan a los dedos como papel matamoscas («Pásate un peine, pásame los platos, pasa el aspirador, pasa tu bachillerato primero, ponle el anillo en el dedo»), no estaríamos donde estamos. Las más evolucionadas, creyendo que hacían bien, nos ordenaron escoger un oficio y terminaban sus frases, sin variar ni un ápice, con «...Por si acaso te encuentras en dificultades» (y expertas como éramos en el arte consumado del doble lenguaje, lo traducíamos inmediatamente como «Por si acaso no encontraras o ya no tuvieras marido»). Suficiente para perturbar a más de una. Es duro arreglárselas después de esto, duro ser a la vez como mamá, pero mejor y sobre todo distinta... Hoy se declaran inocentes. Sólo hicieron, dicen, lo que les dictaba el amor maternal. Y nos señalan pérfidamente que nosotras hacemos lo mismo con nuestras hijas al machacarlas desde los primeros biberones con *nuestro* vademécum de buenas Super Women. Decididamente, entre sus profes, nuestras madres y los psidiatras, habrá que pensar en inaugurar muy pronto un plan de ahorro-diván para ellas, porque las consecuencias de nuestra educación pueden ser terribles...

Porque tampoco ellos, los Dolto, Brazelton, Pernoud, Dodson y cofrades son inocentes. Como quien no quiere la cosa, destilan en nosotras el veneno de la culpabilidad y aumentan las dosis en cuanto advierten que nos hace efecto. «En el trabajo, una mujer debe ser eficaz», dice Brazelton. «Pero en casa, una madre eficaz corre el peligro de ser la peor especie de madre para sus niños, porque en el hogar una mujer debe ser dócil y cálida.»* Para evitar un trauma a los queridos pequeños tenemos

* Brazelton, *A ce soir*, Stock, 1986.

que convertirnos en esquizofrénicas... Pasar del bastón de mando al rodillo de amasar de la mamá-pastel con naturalidad, sin esfuerzo.

A fuerza de leer y releer en todos sus *best sellers* (se venden muy bien gracias a nosotras que los compramos a montones) que debemos ser madres ejemplares para estos pequeños seres cuyo único modelo somos nosotras, nos concentramos en cada respiración, en cada segundo de su existencia. Y nos deprimimos porque siempre nos equivocamos en todo. Los atosigamos demasiado, sermonean los sabios. Pero si, por el contrario, nos largamos, allí están la Abuelita Dolto o el Abuelito Brazelton para llamarnos al orden: nuestra prole nos necesita tanto...

Lo que ocurre es que estos educastradores de madres para el bien de los niños son endiabladamente sutiles. Por supuesto, ninguno de ellos tendría el descaro de ordenarnos que volviéramos a casa. Al contrario, nos estimulan a seguir adelante. «Seguid», escriben, «si vosotras estáis realizadas, vuestros niños también lo estarán». Pero, insidiosamente, vuelven a poner las cosas en su sitio. Nos piden que nos superemos para no traumatizarlos. «Manteneos en contacto con la guardería, el parvulario», escribe Brazelton, «para estar seguras de que no sufren demasiado por la vida de locas que lleváis». ¿Qué retenemos de estos sabios consejos? Las palabras «sufrir» y «vida de locas», que se imprimen con letras de fuego en nuestras cabezas de forma indeleble. Desde luego, bajo ningún pretexto queremos hacer desgraciados a nuestros *babies*. De modo que nos ponemos tensas, nos inquietamos por cada detalle, intentamos actuar lo mejor posible, pero vamos con mil precauciones. Porque también en ese caso «ellos» nos esperan con las porras listas y nos reprochan nuestro perfeccionismo.

Nuestras queridas madres, que también nos educaron al revés, por lo menos durmieron tranquilas durante toda nuestra infancia. Jamás sintieron el menor átomo de culpabilidad con respecto a nosotras.

Success Story

¿Y quién más es culpable? ¿La sociedad, cuyo corazón late al ritmo de los Sulitzer, Jacky Setton, Naf-Naf y demás *successfulmen*? No vamos desencaminadas. La presión social que se abate sobre nosotras desde la más tierna edad nos obliga a ganar. En todo. Y más aún a nosotras que a los demás, para recuperar el tiempo perdido. Desde que la competición acepta oficialmente a las mujeres (nos lo hemos buscado, desde luego) todos y todas nos encontramos piafando en la misma línea de salida. Y que gane el (la) mejor.

Hoy, para disfrutar a la vez de la estima de los conciudadanos, de la confianza del banquero y de la admiración sin límites del tendero, hay que ser emprendedor(a), hiperactivo(a), creativo(a), positivo(a), competente, ambicioso(a), etcétera. Montar el propio negocio antes de los veinte años so pena de ser tachado de fracasado, facturar un millón al año siguiente, aspirar a un segundo mercado al término del mismo, tener un proyecto de carrera, una imagen para los medios de comunicación, un consejero para el *look*, una agregada de prensa y emplear un negro para que escriba nuestra *sucess story*.

En pocas palabras, triunfar y decirlo. Ga-nar y co-mu-ni-car, los dos senos de la Francia activa. Que ordeñamos hasta la última gota.

Ni hablar de escabullirse si se quiere sobrevivir. Hay que estar desbordado de proyectos, tener mil ideas por segundo, producir. Libros, informes, artículos, tesis, defensas, discursos... Lo importante es la prosa. Acumular dos o tres trabajos a la vez para «divertirse», ocuparse de política, de *bussiness* caritativos (muy bien visto), hacer malabarismos con la cartera de acciones, dar clases en la facultad de Ciencias Políticas o en la de Derecho, «poner» editoriales en una revista de ciencias sociales, diseñar muebles, vestidos, joyas o esculpir metal, crear un perfume, dedicarse a la astrología o a las ciencias ocultas, escribir una novela histórica «a la luz de la vela...», como diría Ronsard. En resumen, transformar los *hobbies* en trabajo, el oficio en pasión, y manejarlo todo con nuestro ordenador.

Nosotras, nosotras y otra vez nosotras

Es verdad que todo y todos nos incitan a ser en todas partes las mejores. Pero, ¿quién nos obliga? Nadie, excepto nosotras. ¿Qué vocecita nos sugiere continuar luchando con y contra todos? Ninguna, excepto la nuestra. ¿Quién nos hace acumular doce vidas cuando el común de los mortales, es decir, los hombres, la palmaría al cabo de cinco? Nosotras. ¿Qué demonio nos da la lata para que seamos perfectas en todo, bien educadas, serviciales, bonitas, inteligentes, refinadas, perseverantes, lanzadas, divertidas, trabajadoras a destajo, implacables en los negocios, etcétera? También nosotras. ¿Quién nos pide ser todo a la vez, no escoger jamás entre los diferentes papeles, asumirlos todos? Nosotras, nosotras, siempre nosotras. ¿Quién, sino nosotras, nos fuerza a exagerar, a superarnos siempre? Sin embargo, deberíamos saber decir basta, como personas mayores. Hoy ya no se trata de la explotación de la mujer por el hombre, sino de la mujer por ella misma.

¿Qué es lo que hace correr a Chloé, treinta y ocho años, guapa, simpática, inteligente, siete niños (y ganas de tener el octavo), entre París, donde trabaja durante la semana, Ramatuelle, donde vive con su tribu, el amor de su hombre, sus gatos, sus perros, la novela que ha empezado, los artículos escritos entre dos mamadas, las grandes cenas del sábado por la noche en las que cocina sin pestañear para veinte personas? ¿Qué le hace correr a mil por hora sin tomarse el tiempo para respirar? Nada y todo. El deseo de que todo esté bien en torno a ella, armonioso, alegre, para ser to-tal-men-te feliz. Porque según dice, «sin *stress* me aburro».

¿Qué hace que cuando se nos pide mucho demos más de lo previsto? Una SW, en la revista *Biba*: «La dificultad me estimula, es mi droga».

¿Qué me empuja a mí, autora de esta obra, treinta y dos años, periodista, dos niños casi bebés todavía, siempre desgarrada entre un trabajo muy absorbente, un Super(Nuevo)Hombre en mi vida y las preocupaciones domésticas, a instalarme noche a noche detrás de mi Mac Intosh para amontonar páginas y más páginas? ¿A robar instantes de libertad a mi vida, a la que no le sobran, para trabajar y trabajar hasta hartarme? ¿La ambición? Desde luego. Pero no sólo eso. ¿El amor al reto? También, claro. ¿La inconsciencia? Seguramente un poco. Todo ello mezclado, más otras mil cosas...

¿Y todas las demás, las otras miles, drogadas con adrenalina, disparadas por la apuesta cotidiana, que de ese modo luchan contra el miedo al vacío y se baten en pos de razones para existir?

Quizá, en medio de todas estas cualidades que nos honran, nos aquejan dos o tres defectos capitales que, en lugar de mancillar nuestra imagen de Mujer Perfecta, nos obligan por el contrario a pulirla sin cesar.

Narcisistas y vanidosas, obsesivas y perfeccionistas, insatisfechas y bulímicas, etcétera. Nos hemos adherido a todas las debilidades del siglo y las llevamos en bandolera junto con nuestras cualidades. Y, seguramente, son aquéllas las que nos hacen avanzar...

Que cien Narcisos se abran

Es verdad que los barrotes de la prisión han cambiado. Ayer, encadenadas a los hombres y a siglos de prejuicios, luchábamos por causas justas y tangibles. En la actualidad, nosotras mismas nos maniatamos. Es difícil tirarnos la primera piedra en estas condiciones, so pena de hacernos daño. Está bien luchar contra los demás, pero no contra una misma. O bien habría que ser realmente masoquista. No es nuestro estilo. Nosotras, que podemos ser clasificadas más bien entre los Narcisos, preferimos de lejos enviarnos flores, «Ah, me río de verme tan bella...», que arrastrarnos por el fango. Nos gusta tanto gustar, en primer lugar a nosotras mismas, y después a los demás, que siempre ponemos el listón un poco más alto, a fin de admirarnos y de farolear ante el mundo.

¿Quién no ha cedido jamás a la vanidad de hablar consigo misma, sola ante el espejo? (Vamos, vamos, pecado confesado es en sus tres cuartas partes perdonado, y el del orgullo es tan insignificante...) «Me acaban de nombrar jefa de servicio, me han aumentado el sueldo, Eugénie es la primera de su clase, Anselme despierta la admiración de las otras madres en el parque, mi marido vale su peso en oro, mi piso parece un reportaje a todo color de *La Maison de Marie Claire*, todo lo que cuento es siempre apasionante, mi pato con manzanas es el mejor de París y, además, mira qué guapa estoy esta noche...»

Ah, Narciso, Narciso, cuántos esfuerzos se cometen en tu nombre... Y ese reflejo que tanto nos gusta es, al mismo tiempo, el que nos muestra nuestro espejo y el que nos devuelve la mirada del mundo. Confesémoslo, esto también nos ha creado dependencia. Deslumbrar se nos ha convertido en una droga dura de la que cada vez nos cuesta más librarnos, una vez sobrepasado el estadio de la costumbre. De ahora en adelante estamos enganchadas a la admiración de los Otros. Nos resulta imposible devolver el micro ahora que nos hemos habituado a ser el centro del escenario. Nos embarga un firme orgullo, un dulce cosquilleo del ego cuando nos dicen con admiración: «No sé cómo te las arreglas...». Los cumplidos nos estimulan, el entusiasmo nos aguijonea, el éxtasis nos hace dar brincos. «Eres formidable, tú...»: un dulce estribillo que de buena gana transformaríamos en emblema.

Y hasta la envidia nos da alas. Porque no sólo tenemos fans y *groupies*. Algunos hombres nos odian porque les damos miedo. «¿Fulana de tal? Ya no le queda nada verdaderamente femenino», o «Desde luego, es muy histérica...». Estos ataques de una rara bajeza, lejos de destrozarnos, nos hieren en lo vivo. Razón de más para mostrarles de lo que somos capaces. Algunas mujeres de la especie hogareña nos consideran insoportables («Ésa tiene unas pretensiones...» o «Pero en el fondo, ¿es realmente feliz?»). Nada nos estimula más a correr tras mil y un objetivos.

Obsesas obsesivas

¿Perfeccionistas? Sin duda alguna. Pero obsesivas. Todavía más. Sólo descansamos cuando no le falta ni un engranaje al hermoso mecanismo que hemos construido. ¿Quién no ha supervisado alguna vez el trabajo de aquellos en los que había «delegado»? ¿Quién no ha verificado alguna vez, tras el paso del padre, que los niños tenían las nalgas bien secas, las uñas bien cortadas, las cazadoras bien abrochadas, o que no les había puesto el vestido de topos con los calcetines de flores? Sorprendámonos luego de que el Nuevo Hombre, torpe, pero lleno de buena voluntad, nos deje plantadas para ir a mirar su fútbol en la tele.

¿Quién no ha comprobado alguna vez si las mujeres de la limpieza habían quitado bien el polvo de los muebles y si habían limpiado bien los rincones de la cocina? Con riesgo de tener que hacerlo todo otra vez nosotras, lo cual no presenta el menor interés y, en todo caso, triplica el cansancio.

De hecho, nos obstinamos con los detalles menos

importantes, con el material más banal, cuando sería mucho más sencillo soltar lastre. Después de todo, si Antoine no tiene las orejas limpias, si los niños no han tomado su ración de verduras, si no se ha pasado el aspirador, ¿dónde está el problema? Sólo en nuestras cabezas. Todo el mundo, aparte de nosotras, seguirá tan campante. Lo cual, en vez de tranquilizarnos nos exaspera aún más.

Por supuesto, la perfección se da principalmente en los cuentos. No se alcanza de verdad. Por suerte, porque seríamos decididamente insoportables. Ya lo somos bastante así. El drama es que tendemos a ella a pesar de todo. Y corremos con tanto ahínco en pos de esta Super Imagen de nosotras mismas que acabamos por perdernos, mientras creemos ganar.

Cada vez más

Nunca conseguimos dar la primacía a un campo determinado. Después de todo, los hombres eligen. Los políticos y los *bussinessmen* sacrifican a sus mujeres y a sus hijos; los papás-gallinas ponen a su familia por delante; los deportistas prefieren tres horas de tenis a una mañana dedicada a computar expedientes; los Don Juanes rehúsan asentarse, etcétera. Pero nosotras nos sentimos ineludiblemente frustradas si falta algo en el conjunto.

Hubiéramos podido contentarnos con ser sólo esposas y madres y consagrarnos felices, gracias a los logros de la liberación sexual y al microondas, al objeto de nuestra pasión y a nuestro hogar. Y pasar por alto los pequeños y escasos inconvenientes inherentes a nuestro estado. Entre ellos, la dependencia financiera. (Pero si se acuerda que cada trabajo merece su salario y que el de mujer de su casa no es precisamente poca cosa, en el fondo hay que conceder que se merece caer en la tentación «un par de sandalias Kélian, te aseguro, querido, que es una ganga».) La gran ventaja, que prima sobre los defectos de la condición del ama de casa, es que, al no tener varias cosas entre manos como las otras, no se tiene que romper la cabeza todas las mañanas para saber por dónde empezar. Pero esto no hubiéramos podido soportarlo. «Si me hubiera quedado en casa habría sido una madre insoportable, habría tenido la impresión de que la vida estaba en otra parte», confiesa una de nosotras, periodista, a una revista femenina.

Hubiéramos podido ser simplemente mujeres activas, creadoras o Career Women. Triunfar en nuestros trabajos, vivir un amor o varios según nos pareciera, y consagrarnos por entero a la carrera. Y hacer como todas aquellas, con Simone y Hélène de Beauvoir a la cabeza (poco numerosas, es cierto, pero aumentar la especie dependía sólo de nosotras), que jamás se desviaron de su rechazo a la maternidad, pues según ellas era una traba para su vida o para su arte.

Sólo que también necesitamos a nuestros cariñitos, sin los cuales nuestra vida de mujer no habría sido tan completa.

Hubiéramos podido abandonar uno u otro aspecto de nuestra vida privada o pública, rechazar las cenas fuera de casa o entre amigos (pero la existencia perdería gran parte de su encanto), o contentarnos con figurar en ellas como de paso, sin un exceso de celo. Pero también en este campo hemos necesitado no sólo brillar por nuestros atractivos sino estar al corriente de todo, desde el último cotilleo al último rumor, saber que Kuramata no es una marca de motos sino un diseñador japonés, que el último Woody Allen no vale nada (o es genial), conocer las expectativas de voto para Barre, haber leído el último Sollers para poder cargárnoslo con conocimiento de causa. En resumen, después de siglos de desgracia, ser hermosas y hablar. A ser posible, con humor.

Pero no, hemos querido todo, deseado todo, cogido todo, obtenido todo. Hemos engullido todo, como buenas bulímicas en que nos hemos convertido. Y en cuanto lo hemos tenido todo, hemos necesitado buscar otra cosa. La satisfacción no existe en nuestro mundo. ¿Un gran amor? Necesitamos el niño. ¿Un niño? Necesitamos dos, luego tres o cuatro. ¿Un marido? Necesitamos un amante. ¿Un trabajo? Necesitamos trepar a la cima. ¿Las alturas? Necesitamos también la pasta. ¿El éxito total? Necesitamos la felicidad. ¿Todo a la vez? Tampoco sirve, estamos hasta el gorro de ser Super Women...

CONCLUSIÓN

¿Darse la gran vida?

No está una un poco embarazada; lo está o no lo está. Asimismo, se trabaja o no se trabaja. No hay término medio.

DENISE FAYOLLE*

Tranquilizaos. Nada va a mejorar, al contrario. Sin embargo, con los años, cuando crezcan los niños, se dice, se espera, que todo volverá poco a poco a su sitio. Que al fin podremos disfrutar de las alegrías sencillas de la vida sin atropellos, sin exceso de velocidad. Circular *cool*, con el pie en el freno. Funesto error. Tal como hemos empezado, el descanso es una decepción. Nada de horas privilegiadas, de libertad para disponer de nosotras mismas, de placer sin correr, de amor sin prisas, de trabajo sin agobio, ni hablar. Ya no estamos programadas para gandulear. Para nosotras, hasta la cama es tela marinera. ¿Derecho a la pereza? Como la semana de cuatro sábados: quizá en otra vida.

* *Femme manager, specimen d'avenir,* F. Lautrédou, Carrère Michel Lafon, 1987.

Parches

Sin embargo, todo el mundo tiene soluciones al alcance de la mano. Eliminemos, para empezar, la más sencilla y la más tonta: dejar de currar. Para hacer esto tendríamos que encontrar un rico nabab que aceptara mantenernos (la especie es cada vez más rara). Pero ¿deseamos de verdad volver a ser amas de casa y retroceder veinte años? Imposible. Hemos bregado demasiado para llegar donde estamos.

Quizá deberíamos fundar un *lobby* de mujeres dispuestas a tomar el poder para que el Estado y los jefes se interesaran un poquito más por nosotras, que representamos la mitad de las fuerzas vivas de este país. En Estados Unidos, las empresarias que se derrumban bajo sus triples vidas y la carencia de leyes sociales (las *yankees* no conocen las bajas por maternidad) empiezan a organizarse, a plantear reivindicaciones e incluso amenazan con retirarse de los negocios si no se les satisfacen éstas. Reclaman, como hacemos nosotras en nuestros ratos libres (poco numerosos) horarios flexibles, trabajo a domicilio o de media jornada, guarderías en la empresa. Soluciones simpáticas, sin duda, pero, ¿son verdaderamente eficaces? Lo dudo. Todo esto huele a parche. Es como usar una cataplasma para curar una pata de palo. No se dirige una Pequeña o Mediana Empresa trabajando media jornada. No se triunfa entre las diez y las doce. Hemos de saber qué queremos de una vez por todas.

La estrategia de la retirada

¿Habrá llegado la hora de que cambiemos?

¿Cómo? Por mucho que nos rompamos la cabeza, a

nuestra edad no es tan fácil volver a empezar. ¿Entontecernos? Difícil.

¿Abandonaremos sin complejos, sin vergüenza, la nalga fofa, los pelos de bruja, las piernas ambiguamente aterciopeladas, etcétera? (¿Quién escribirá algún día el desternillante tratado de la depilación de la mujer apresurada que empieza lleno de buenas resoluciones, con cera, unos días antes de salir de vacaciones, y acaba lastimosamente, con la maquinilla del cónyuge en la mano, bajo la ducha, porque no hay tiempo de hacerlo de otro modo?) Horror. Pase dejar de lado algún punto de vez en cuando, porque no es humanamente posible hacerlo todo a la vez, pero no todo. Jamás.

¿Renunciar a cultivarnos? Imposible. Forma ya parte de nosotras. ¿A leer los periódicos? Demasiado tarde, ya estamos totalmente enganchadas a la información. No podemos permitirnos pasar durante más de una semana seguida de la cotización del dólar, la última declaración de Chirac sobre el terrorismo, o la del doctor Schprountz sobre el SIDA. Porque después, para ponernos al día, tenemos que darnos un buen tute.

¿Renunciar a estar en la onda, tachar las listas de *in* y *out* y seguir sólo el instinto de supervivencia? ¿Aceptar no estar totalmente al día y ¡qué le vamos a hacer si el canapé Cassina se da de bofetadas con los sillones y si no hemos visto el último Woody!? ¿Qué le vamos a hacer? Por eso, mejor instalarse en un pueblo de Cévennes. Por supuesto que se puede vivir sin lo superfluo. Sí, pero mucho peor...

¿Vivir sola para evitar los esfuerzos, los conflictos, las disputas? Durante un tiempo tiene gracia eso de abrir el Bolino,* tranquila, por la noche, delante de la tele, sin nadie que refunfuñe porque la cena no está lista. Pero la soledad, a la larga, también pesa.

Tampoco tengo mucha fe en nada de esto. Nunca seremos capaces de renunciar a una décima parte de lo

* Bolino: bol con pasta preparada. Se abre, se le añade agua y la pasta se hincha y está lista para comer, con todos sus ingredientes. *(N. de las T.)*

que deberíamos para tranquilizarnos un poco. Desde luego, podríamos ser una pizca más relajadas, un poco menos obsesas de la perfección, un poco menos maniáticas, un poco menos bulímicas. Sin embargo, es difícil abandonar esta explosiva mezcla de nuevos logros y educación antigua que estalla en nuestras venas. Demasiado tarde. Es demasiado tarde para nosotras.

Nos queda luchar por nuestras hijas. Y sobre todo por nuestras nietas. Hacerlas responsables. Educarlas al estilo espartano. Enseñarles sobre la vida, el a-b-c de la existencia en la selva. Darles las mejores armas para luchar. Explicarles, machaconamente, que la vida de una Super Woman no está sembrada de pétalos de rosa y que, si quieren seguir el ejemplo de sus madres, tendrán que empuñar las armas y no abandonarlas.

Acabaremos, desde luego, en el papel de Super Abuelitas, chocheando con nuestras Super Dentaduras: «Cuando tenía una plantilla de treinta hombres bajo mi mando...». Pero ellas, las muy princesas, las muy astutas, que nos habrán visto bregar tanto, preferirán los diamantes a las plantillas. Y más que llevar hombres con manos de hierro, preferirán tenerlos a sus pies. Embobados, arrobados, pasmados. Enamorados y pródigos. Dispuestos a cualquier locura. Como en los buenos y viejos tiempos que nosotras nunca llegamos a conocer.

Ellas, por lo menos, se darán la gran vida.

Y sus hijas, indignadas ante tanto abandono, no tendrán más remedio que volver a empezar...

ÍNDICE